Rischi psicosociali e benessere organizzativo

Dalla gestione del rischio stress alla promozione del benessere

Luigi Casiraghi e Vincenzo Caporaso

Gli autori:

Luigi Casiraghi: *Laureato in Scienze Politiche a indirizzo economico; annovera nel suo background professionale ampie esperienze nel campo delle Risorse Umane in notissime aziende nazionali e multinazionali; da più di 20 anni si occupa di gestione e sviluppo Risorse Umane, oltre che di ricerca e selezione.*

Vincenzo Caporaso: *Psicologo e Psicoterapeuta Sistemico Relazionale, specializzato presso il Centro Milanese di Terapia della Famiglia. Ha conseguito l'MBA presso Profingest Bologna, nel 1991. Si occupa di formazione e consulenza per le risorse umane da circa 15 anni. Ha lavorato per numerosi Enti pubblici e privati nel campo della promozione del benessere e dello sviluppo personale e professionale.*

I rischi psicosociali

Introduzione

Oggi, con l'aumento della consapevolezza ambientale e sociale, ha avuto grande impulso il concetto di responsabilità delle organizzazioni, al di là dagli aspetti puramente legali o legati al profitto. Se vogliono aver successo, le imprese devono ora confrontarsi con la responsabilità verso le persone. Ciò comprende pratiche di responsabilità sociale verso i lavoratori riguardo alla sicurezza e alla salute. Guardare oltre la forza lavorativa e svilupparne le capacità hanno importanza strategica per le aziende.

Perché, nei fatti, "lavorare stanca". E tutte le volte che dalla fatica viene tolto il senso, il significato, allora quella stessa fatica si trasforma in sofferenza. Non si lavora solo per vivere. Spesso le organizzazioni ignorano che, per un sempre maggior numero di persone il lavoro non è solo fatica, ma anche veicolo attraverso cui si riflettono e si strutturano le relazioni umane, private e pubbliche.

Associato a uno stato di necessità nella cultura classica e in quella giudaico-cristiana, nella società moderna il lavoro si sta progressivamente coniugando all'idea di piacere o di realizzazione personale. «Che cosa ti piacerebbe fare da grande?» oppure: «Ti piace il lavoro che fai?*». Sono domande di rito. Un detto americano rende bene l'idea: «Do what you love; the money will follow», ovvero «fai quel che ti piace, i soldi arriveranno», dove è chiaro che è la realizzazione personale a remunerare la fatica, non semplicemente il salario. Insomma, non si lavora più solo per vivere e mantenere la prole ma, come confermano numerose ricerche di mercato, sta vorticosamente aumentando il numero di persone che lavorano anche o principalmente per se stessi, per soddisfare le proprie ambizioni e aspirazioni e soprattutto per avere dagli altri un riconoscimento che reputano di meritare.

E una leva per il successo delle organizzazioni non può non essere quella di rendere il luogo di lavoro, un luogo dove le persone vogliono stare perché ci trovano un senso, dove si sentono considerate, dove la fatica, non diventa mai sofferenza. Ecco, quindi, che tra le responsabilità (ma potremmo anche dire tra i vantaggi) delle organizzazioni rientrano anche quelle di ridurre e contenere i rischi psicosociali al fine di promuovere il benessere sul posto di lavoro.

I rischi psicosociali legati al lavoro fanno riferimento ad aspetti della progettazione e della gestione del lavoro e al suo ambiente sociale e organizzativo, potenzialmente in grado di causare danno psicologico o fisico. Essi sono stati identificati come una delle maggiori sfide contemporanee per la salute e la sicurezza occupazionale e sono legati a problemi nel posto di lavoro quali lo stress da lavoro.

Lo Stress

Lo stress può essere di due tipi: eustress (eu: in greco, buono, bello) o distress (dis: cattivo, morboso). L'eustress, o stress buono, è quello indispensabile alla vita, che si manifesta sotto forma di stimolazioni ambientali costruttive e interessanti. Un esempio può essere una promozione lavorativa, la quale attribuisce maggiori responsabilità, ma anche crescenti soddisfazioni.

Il distress è invece lo stress cattivo, quello che provoca grossi scompensi emotivi e fisici difficilmente risolvibili. Un esempio può essere un licenziamento inaspettato, oppure un intervento chirurgico. Ognuno di noi risponde agli eventi stressanti in modo diverso, questo perché ogni persona fa esperienze diverse e fa proprie strategie interpretative e di pensiero diverse.

Inoltre, un ruolo fondamentale nell'interpretazione degli eventi, sia interni sia esterni, spetta all'apprendimento. Noi impariamo a comportarci in un certo modo di fronte a certi stimoli e questi meccanismi di apprendimento agiscono in modo automatico, al di fuori della nostra consapevolezza. Le nostre stesse valutazioni personali degli eventi e delle cose subiscono l'effetto dell'apprendimento e una volta consolidatesi funzionano in modo relativamente autonomo. Gli schemi comportamentali e di pensiero hanno la funzione di farci risparmiare energia sia fisica sia mentale; infatti, si *basano su esperienze precedenti già elaborate, facilmente rievocabili.*

Nel sentire comune il termine stress è utilizzato nelle più svariate situazioni. E, il più delle volte, è riferito a stati d'animo soggettivi. Il primo passo da compiere, a nostro avviso, per fare un po' di chiarezza, è quello di distinguere le definizioni generali sia dalle percezioni soggettive, sia da specifiche situazioni sociali. Ovviamente, tutto ciò serve per analizzare nel dettaglio ogni singolo aspetto, ma è ormai riconosciuto dalla comunità scientifica e dagli addetti ai lavori che l'interazione di diversi fattori (individuali, sociali, ambientali in genere) contribuisce a creare una situazione di stress in parte adattiva.

Parlare di stress è sempre e comunque un rischio. Il rischio è di dare per scontato che, trattandosi di qualcosa che sentiamo presente nelle nostre vite quotidiane, sia del tutto inutile parlarne. Per noi, proprio per gli stessi motivi, invece, diventa fondamentale non sottovalutare l'impatto dello stress sulla nostra vita. Perché se nella sua accezione positiva, lo stress è una risposta adattiva alle richieste dell'ambiente, è anche vero che non siamo per nulla abituati a percepire quando la "misura è colma", se non quando oramai è troppo tardi. Per comprendere meglio quest'ultima affermazione, prendiamo un'evidenza soggettiva riferita a tutt'altro: la qualità dell'aria.

Se provate a vivere per due settimane consecutive in alta montagna (ci rivolgiamo a tutti quelli che vivono tutto il resto dell'anno in città medio - grandi), forse non vi accorgerete che il vostro olfatto si sta modificando e neanche che il vostro organismo sta apprezzando una migliore qualità dell'aria. Dopo due settimane scendete a valle, anche solo su una strada trafficata, scendete dalla vostra auto e noterete come il vostro olfatto sentirà immediatamente la differenza! Per poco, ovviamente.

Perché il nostro cervello conosce bene lo smog e quindi, suo malgrado, lo reputa respirabile. La prima sensazione di disgusto nel passaggio tra due diverse qualità dell'aria è un potente messaggio: l'organismo si adatta all'ambiente, anche se l'ambiente lo disgusta e/o lo danneggia. In questo caso il danno è talmente diluito nel tempo che finiamo per non percepirlo più come danno! Ecco perché parlare di stress significa mettere sotto osservazione stimoli e situazioni potenzialmente dannose, non solo dal punto di vista soggettivo, ma soprattutto dal punto di vista delle evidenze scientifiche, nazionali e internazionali. Perché quando si arriva alla soggettività, il danno è già stato fatto!

La risposta di stress si manifesta in tre fasi; nella prima fase, definita fase di allarme, lo stressor suscita nell'organismo un senso di allerta, definito arousal, con conseguente attivazione dei processi psicofisiologici (aumento del battito cardiaco, iperventilazione ecc.). Dopodiché, nella fase di resistenza, l'organismo tenta di adattarsi alla situazione e gli indici fisiologici tendono a normalizzarsi, anche se lo sforzo attuato è molto intenso.

Nel caso in cui l'adattamento non sia sufficiente, si arriva alla terza fase, la fase dell'esaurimento, in cui l'organismo non riesce più a difendersi e la naturale capacità di adattamento viene a mancare. Quest'ultima fase è la più pericolosa, perché l'esposizione prolungata a una situazione di stress può provocare l'insorgenza di patologie sia fisiche che psichiche (vedi disturbi d'ansia).

In particolare, lo stress cronico attiva un circuito composto di strutture cerebrali e da una ghiandola endocrina (asse ipotalamo-ipofisi-surrene), il surrene, il quale aumenta la secrezione di cortisolo. Quest'ormone, anche conosciuto come ormone dello stress, se presente in quantità superiori alla norma provoca vari disturbi.

Tra i sintomi più frequenti dello stress ricordiamo: frequente sensazione di stanchezza generale, accelerazione del battito cardiaco, difficoltà di concentrazione, attacchi di panico, crisi di pianto, depressione, frustrazione, attacchi di ansia, disturbi del sonno, dolori muscolari, ulcera dello stomaco, diarrea, crampi allo stomaco, colite, malfunzionamento della tiroide, facilità ad ammalarsi, difficoltà a esprimersi e a trovare un vocabolo conosciuto, sensazione di noia nei confronti di ogni situazione, frequente bisogno di urinare, cambio della voce, iperattività, confusione mentale, irritabilità, abbassamento delle difese immunitarie, diabete, ipertensione, cefalea, ulcera.

Personalità e tolleranza allo stress

Dalla metà del Novecento la psicosomatica si è imposta, come scopo principale, quello di individuare delle caratteristiche psicologiche specifiche che potessero essere considerate come veri e propri fattori di rischio nei confronti delle malattie. Da queste ricerche sono emersi dati molto interessanti su ciò che concerne il rapporto tra la personalità e la tolleranza allo stress; in particolare è stato possibile suddividere i comportamenti umani in due gruppi, definiti Tipo A e Tipo B (Rosenman Ray 1959).

Gli individui appartenenti al Tipo A sono quelli più esposti allo stress, e presentano una maggiore probabilità di soffrire di qualche disturbo sia fisico sia psichico dovuto alla pressione di eventi stressanti. Essi sono, per esempio, molto vulnerabili nei confronti delle malattie cardiovascolari (infarto, ictus, ipertensione etc.). Coloro che appartengono al Tipo B invece, manifestano una più elevata capacità di fronteggiare situazioni potenzialmente stressanti, rendendo di conseguenza minore il rischio di ammalarsi. La differenza tra le due tipologie non dipende tuttavia dal fatto di possedere due diverse e ben definite strutture di personalità, quanto al modo in cui è organizzata la risposta a situazioni stressanti.

Comportamento di tipo A

✓ *Competitività spinta e diffusa a tutti gli aspetti della vita. Tendenza alla sfida e alla lotta.*
✓ *Aggressività (spesso repressa) presente costantemente in tutte le interazioni personali e sociali.*
✓ *Impazienza, insofferenza per i diversi ritmi altrui e per l'insufficienza degli altri.*
✓ *Tensione muscolare, discorso "esplosivo", iper vigilanza, difficoltà al rilassamento.*
✓ *Tendenza a voler fare e ottenere un illimitato numero di cose in un limitato periodo di tempo.*
✓ *Necessità spinta di avere costantemente il controllo totale nelle situazioni.*
✓ *Stimolo all'acquisizione di cose, oggetti, beni e in generale al consumo.*
✓ *Spesso fumo, alcool, attività orali ripetitive.*
✓ *Poca attività fisica.*
✓ *Pochi interessi alternativi al lavoro.*
✓ *Alimentazione irregolare e eccessiva.*

Comportamento di Tipo B

✓ *Competitività selettiva e proporzionata alla reale importanza degli obiettivi da raggiungere.*
✓ *Aggressività "fisica" indotta da stimoli adeguatamente frustranti. Aggressività di base ridotta.*
✓ *Capacità di adeguarsi e di tollerare la diversità degli altri e i loro differenti ritmi.*
✓ *Rilassamento muscolare, discorso tranquillo, vigilanza "fasica" facilità di rilassamento.*

✓ Tendenza a proporzionare le cose da fare e da ottenere in rapporto al tempo disponibile.
✓ Ridotta importanza dell'avere costantemente il controllo in tutte le situazioni.
✓ Relativa indifferenza al consumo e all'acquisizione di cose inutili.
✓ Fumo e alcool molto limitati.
✓ Attività fisica.
✓ Interessi alternativi al lavoro.
✓ Alimentazione controllata.

Le persone che possiedono le caratteristiche del Tipo A sono anche quelle che risentono in misura maggiore dello stress lavorativo. Infatti, le pressioni lavorative, le scadenze, il sovraccarico, le difficoltà con i colleghi, le richieste lavorative cui è difficile rispondere possono incidere profondamente sui modi con cui una persona percepisce e considera il proprio lavoro. Sentirsi sotto grave tensione costituisce un esito negativo, mentre sentirsi sfidati e in grado di rispondere a tali sfide rappresenta un risultato positivo.

In altre parole, l'impatto degli stressors lavorativi e la risposta personale sono modulati da come la persona stessa percepisce i fattori di stress. Non è semplice giudicare il concreto impatto dello stress nelle situazioni lavorative, tuttavia alcune stime suggeriscono che circa la metà dei giorni lavorativi persi negli Stati Uniti per assenteismo, sono collegati a stati di stress (Rosch 1990). Le caratteristiche del lavoro che sono più facilmente associate con lo stato di stress sono:

- ✓ Il rumore eccessivo, che rende molto più difficile la concentrazione e la comunicazione con i colleghi.
- ✓ Il sovraccarico lavorativo. Un numero di ore lavorative superiore alle quaranta ore settimanali.
- ✓ La mancanza del tempo indispensabile per svolgere un compito. Dover quindi lavorare in fretta e in modo poco preciso.
- ✓ La scarsa varietà delle attività. Svolgere sempre le stesse mansioni.
- ✓ La monotonia delle attività svolte. Le attività vengono eseguite in modo meccanico e senza partecipazione.
- ✓ L'insufficienza o la mancanza di un riconoscimento o di una ricompensa per una buona prestazione.
- ✓ L'assenza di discrezionalità e di controllo. Quando non è possibile controllare in modo diretto i propri compiti e viene a mancare la possibilità di poterli svolgere nella maniera che si desidera.
- ✓ La presenza di eccessive responsabilità.
- ✓ L'ambiguità di ruolo. Mancanza di informazioni chiare a proposito delle condotte lavorative da a-dottare e imprevedibilità delle conseguenze delle proprie attività.
- ✓ Il conflitto con i colleghi o con i superiori. Mancanza di accordo con i colleghi di lavoro circa le procedure lavorative e interferenze di ruolo.
- ✓ L'insoddisfazione, la mancanza di realizzazione personale. Quando manca, per esempio, la certezza di un lavoro stabile o la possibilità di avanzamento professionale. Oppure non è possibile esprimere il proprio talento e le proprie capacità.

✓ L'essere oggetto di pregiudizi, minacce, vessazioni. Queste situazioni portano a ciò che è definito "mobbing".

Il termine mobbing è stato coniato agli inizi degli anni '70 dall'etologo Lorenz (Lorenz 1970) per descrivere un comportamento tipico di alcune specie animali che circondano un proprio simile e lo assalgono rumorosamente in gruppo al fine di allontanarlo dal branco. Il mobbing sul posto di lavoro può essere di due tipi: il mobbing gerarchico e il mobbing ambientale; nel primo caso gli abusi sono perpetrati dai superiori della vittima, la quale è destinata a mansioni umilianti, nel secondo caso invece sono i colleghi della vittima a isolarla, a privarla apertamente dell'ordinaria collaborazione, dell'usuale dialogo e del rispetto.

La pratica del mobbing consiste nel vessare il collega di lavoro o il dipendente con svariati metodi di coercizione psicologica e fisica. Ad esempio, sottraendo lavoro gratificante per affidarlo ai colleghi; oppure attraverso la dequalificazione delle mansioni stesse che sono ridotte a compiti banali quali fare caffè o fotocopie, o comunque a compiti molto operativi e con scarsa autonomia decisionale. Altra pratica diffusa è quella dei rimproveri e dei richiami, espressi in privato e in pubblico, per errori normalmente trascurabili.

Ancora, il mobbing si manifesta nel fornire volontariamente attrezzature di lavoro di scarsa qualità, computer e stampanti che si guastano, arredi scomodi, ambienti male illuminati; spesso si rende irreperibile anche l'assistenza tecnica. Se il dipendente resta in malattia, vengono inviate dai capi dell'azienda continue visite fiscali a casa del lavoratore. Quando la vittima ritorna sul posto di lavoro, spesso trova la scrivania sgombra o portata via e il computer scollegato dalla rete aziendale.

Un altro fenomeno che può colpire i lavoratori, in questo caso coloro che esercitano professioni di aiuto quali psicologi, psichiatri, assistenti sociali, infermieri ecc, è il burnout. Il burnout si configura come uno stato di malessere, di disagio, che consegue ad una situazione lavorativa percepita come stressante e che conduce gli operatori a diventare apatici, cinici con i propri "clienti", indifferenti e distaccati dall'ambiente di lavoro. In casi estremi tale sindrome può comportare gravi danni psicopatologici (insonnia, problemi coniugali o familiari, incremento nell'uso di alcol o farmaci) e deteriora la qualità delle cure o del servizio prestato dagli operatori, provocando assenteismo e alto turnover.

Prima di Selye (Selye 1956)

Il termine stress è in uso nella lingua inglese da molto tempo prima della sua introduzione nel linguaggio scientifico. Nel XVII secolo il significato corrente era quello di 'difficoltà, avversità o afflizione'; successivamente (XVIII e XIX secolo), è divenuto quello di "forza, pressione, tensione, o sforzo" applicati sia a un oggetto che a un organismo, e infine, in tempi recenti ha acquisito il significato definitivo di stato di tensione o di resistenza di un oggetto o di una persona che si oppone a forze esterne che agiscono su di essi. Al di là delle applicazioni in fisica e ingegneria, il primo uso scientifico del termine in biologia e medicina è dovuto a Cannon.

Cannon introdusse il concetto di reazione di allarme in biologia, ne analizzò per primo alcuni aspetti psico-neuro-endocrinologici importanti. (attivazione della midollare del surrene) e, dopo aver utilizzato in alcuni lavori il termine stress in modo analogo a quello del linguaggio corrente giunse infine a usare il termine essenzialmente con il significato di stimolo. Introducendo il concetto di livello critico di stress, inteso come massimo livello di stimolazione sopportabile dai meccanismi di compenso fisiologici.

L'importanza di Cannon è puramente storica, ma deve essere tenuta presente per comprendere sia l'iniziale opposizione incontrata dalle idee di Selye sullo stress, sia per poter discutere criticamente alcune modifiche alla teoria di quest'ultimo proposte in seguito. (Cannon 1929) (Cannon 1932)

Il concetto di stress secondo Selye

L'importanza di Selye in medicina e in biologia non è stata tanto quella di aver definito lo stress come una risposta dell'organismo a vari stimoli esogeni ed endogeni e di aver descritto in modo sistematico tale risposta, quanto quella di aver inserito lo stress in una teoria generale dello sviluppo della malattia che ha fatto progredire notevolmente la ricerca biomedica degli ultimi trent'anni.

Secondo Selye, lo stress è "la risposta non specifica dell'organismo ad ogni richiesta effettuata su di esso." Come tale, esso può essere prodotto da una gamma estremamente ampia di stimoli denominati "stressors" (agenti stressanti) che producono essenzialmente la medesima risposta biologica, quali l'esposizione al caldo, al freddo o a gradi estremi di umidità, gli sforzi muscolari o l'attività sessuale, lo shock anafilattico o le stimolazioni emozionali (FIG. 1).

Questa definizione dello stress e la formulazione della sindrome generale di adattamento che è alla base del modello interpretativo generale della malattia somatica sono state in realtà raggiunte da Selye attraverso un lavoro teorico e di ricerca che ha coperto un intero arco di circa venti anni.

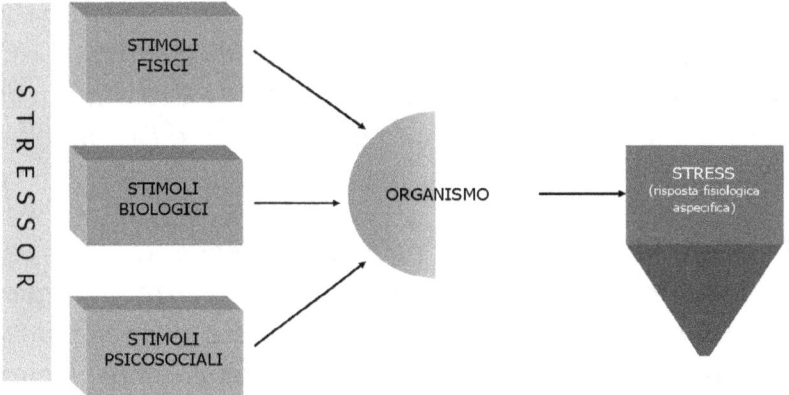

Fig. 1: *Lo stress secondo Selye. «Lo stress è la risposta del corpo ad ogni richiesta operata su di esso».*

L'inizio della concettualizzazione dello stress nella sua forma moderna risale al 1936, quando Selye, che stava ricercando un nuovo ormone sessuale, si accorse che gli animali da esperimento reagivano alla inoculazione di estratti non purificati di tessuti con una ipertrofia delle surrenali, una atrofia del timo e delle ghiandole linfatiche e con lo sviluppo di ulcere nella mucosa gastrica.

Egli interpretò questo quadro come conseguenza di una reazione difensiva dell'organismo, dimostrò che essa si produceva per l'azione di una gamma assai vasta di agenti nocivi per l'organismo, e chiamò questa reazione sindrome generale di adattamento.

La sindrome generale di adattamento si sviluppa attraverso tre fasi successive: la fase di allarme, in cui si manifestano essenzialmente modificazioni di carattere biochimico-ormonale; la fase di resistenza, nella quale l'organismo si organizza anatomo funzionalmente in senso stabilmente difensivo; la fase di esaurimento, nella quale si verifica il crollo delle difese, e l'incapacità ad adattarsi ulteriormente agli stressor.

In ricerche successive effettuate da Selye stesso e da altri autori divenne evidente che la risposta umorale stereotipata prodotta da vari stimoli era in realtà una attivazione dell'asse ipotalamo-ipofisi-corticosurrene che si manifestava attraverso un aumento degli ormoni corticosurrenali circolanti.

L'associazione del concetto di stress alla reazione endocrina stereotipata che caratterizza la reazione generale di adattamento avvenne tuttavia solo negli anni Cinquanta, dopo che in momenti successivi Selye aveva usato il concetto di stress a volte come stimolo e a volte come interazione tra stimolo e risposta. Nella sua elaborazione finale, lo stress viene visto da Selye come una reazione adattativa e fisiologica aspecifica a qualunque richiesta di modificazione esercitata sull'organismo da una gamma assai ampia di stimoli eterogenei, ed espressa essenzialmente da variazioni di tipo endocrino (attivazione della corteccia e della midollare del surrene).

In base a questa definizione, "lo stress non è una condizione patologica dell'organismo, anche se può produrre patologia in opportune circostanze esso infatti è prodotto da situazioni di stimolo assolutamente fisiologiche (come un'attività sportiva o un rapporto sessua-

le) oltre che da stressor potenzialmente dannosi per l'organismo (esposizione a freddo o caldo intensi, introduzione di allergeni)."

La reazione di stress è una reazione fisiologicamente utile in quanto adattativa; essa può tuttavia divenire una condizione patogena se lo stressor agisce con particolare intensità e per periodi di tempo sufficientemente lunghi. Lo stress dunque è qualcosa che non deve e non può essere evitato, in quanto è l'essenza della vita stessa.

Questa concezione rappresenta, in effetti, l'ultima evoluzione del pensiero di Selye sullo stress: «La completa libertà dallo stress è la morte. Contrariamente a quanto si pensa di solito, noi non dobbiamo, e in realtà non possiamo, evitare lo stress, ma possiamo incontrarlo in modo efficace, e trarne vantaggio imparando di più sui suoi meccanismi ed adattando la nostra filosofia dell'esistenza ad esso».

Dopo Selye: Mason (j.w. 1971)

I punti fondamentali della concezione di Selye sono, come si è visto, l'aspecificità della reazione di stress di fronte a stimoli di varia natura, il suo carattere fondamentalmente adattativo, e il suo carattere di reazione endocrina sul piano più strettamente fisiologico. Questa teoria dello stress si è dimostrata assai utile per costruire un modello interpretativo generale della genesi delle malattie somatiche che tenga conto prevalentemente delle cause aspecifiche della malattia.

In questa prospettiva, la patogenesi di molte malattie somatiche è vista come pluri causale, vale a dire la malattia è prodotta da una predisposizione del terreno biologico di carattere aspecifico indotta da cause eterogenee, e da fattori più specifici propri della malattia in questione. Lo stress si comporterebbe, in condizioni particolari, come un induttore aspecifico della malattia che agirebbe in associazione con I fattori specifici. Diventa dunque importante, da un punto di vista patogenetico, tentare di spiegare i meccanismi attraverso i quali gli stressor più vari possono indurre una reazione comune di potenziale significato patologico.

Selye, consapevole di questo problema, aveva postulato l'esistenza di un mediatore, biochimico o nervoso, che fungesse da tramite tra gli stimoli e le strutture endocrine deputate alla produzione della reazione di stress ed aveva chiamato questo ipotetico mediatore "first mediator", assegnando alla ricerca futura il compito di identificarlo più precisamente.

Tuttavia la ricerca successiva non è riuscita, fino ad oggi, a isolare il "first mediator" ipotizzato da Selye, benché la sua identificazione rivesta una notevole importanza per spiegare come stimoli assai diversi come stressor fisici o agenti di tipo psicosociale possano indurre la reazione di stress e quindi, potenzialmente, la malattia. Mason, pur accettando fondamentalmente la *concezione dello stress di Selye, ha affrontato il problema del first mediator in modo diverso, formulando l'ipotesi che la reazione di stress sia in realtà mediata costantemente da un eccitamento di tipo emozionale (FIG. 2).*

Il punto di partenza per questa ipotesi è stata la documentata reattività del sistema ipotalamo-ipofisi-corticosurrene a un gran numero di stimoli psicosociali, suscettibili di indurre una reazione emozionale.

L'osservazione che la reazione corticosurrenale a stimoli emotivi è sostanzialmente identica a quella descritta da Selye nella reazione di stress ha indotto Mason a effettuare una serie di esperimenti basati sulla dissociazione dello stimolo fisico dallo stimolo emotivo nello stress, che hanno dato un sostegno empirico alla teoria da lui formulata.

In questa prospettiva, sia l'attivazione dell'asse ipotalamo-ipofisi-corticosurrene, che l'attivazione della midollare del surrene, che seguono all'esposizione a stimoli fisici di varia natura, sarebbero una diretta conseguenza dell'eccitamento emozionale che accompagna o precede immediatamente la stimolazione fisica.

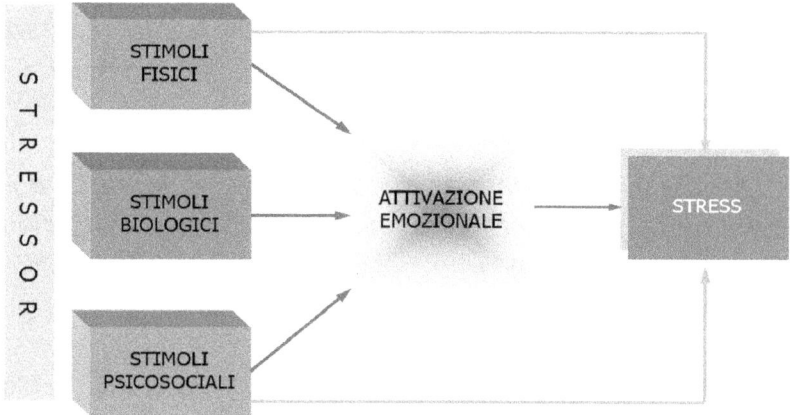

Fig.2: *Lo stress secondo Mason. Sia gli stimoli psicosociali che gli stimoli fisicobiologici producono la reazione di stress essenzialmente attraverso la mediazione dell'eccitamento emozionale da essi prodotto.*

Il first mediator postulato da Selye e mai dimostrato sarebbe, secondo Mason, rappresentato dalle strutture anatomo funzionali responsabili dell'attivazione emozionale a livello fisiologico e dall'apparato psicologico coinvolto nella risposta emozionale a una complessa serie di stressor.

Queste considerazioni hanno permesso a Mason di rivedere la concezione originale della non specificità della reazione di stress secondo Selye, sulla base di dati raccolti dalla sperimentazione psicoendocrinologica nell'uomo che hanno mostrato come la reazione endocrina a stressor di varia natura sia solo parzialmente aspecifica.

Sia l'uomo che i primati rispondono infatti a stressor di natura psicosociale con uno schema complesso di reazione multi ormonale la cui configurazione generale è altamente personalizzata e specifica. La prospettiva di Mason sul problema dello stress ci permette di comprendere meglio i dati sperimentali che depongono in favore sia della specificità che della aspecificità dello stress.

Se infatti consideriamo la reazione emozionale come la causa principale (anche se non l'unica) che produce lo stress, ne consegue che potranno esistere stressor di tale intensità e durata che sempre e comunque producono la reazione di stress, mentre esisteranno altri stimoli che produrranno tale reazione solo in rapporto alla particolare reattività psicofisiologica del singolo soggetto.

II concetto di stress psicologico

L'importanza delle emozioni nella reazione di stress ha condotto alcuni autori a proporre il concetto di "stress psicologico". Secondo Lazarus (R.S., Cognition and motivation in emotion 1991) (R.S., Psycological stress and coping process 1966), che ha discusso in vari lavori il problema dello stress psicologico, in questo ultimo la reazione dipende dalla valutazione cognitiva del significato dello stimolo, mentre nello stress fisiologico la reazione è determinata da un'azione diretta *dello stimolo sui tessuti. Se dunque uno stimolo non è valutato come rilevante per l'individuo, a livello conscio o inconscio, non si verifica attivazione emozionale e dunque una eventuale reazione non può essere considerata come stress psicologico.*

Il contributo degli autori di impostazione psicologica al problema dello stress è stato fondamentalmente quello di avere sottolineato l'importanza della valutazione del significato dello stimolo nella produzione della reazione di stress, mediata dall'attivazione emozionale.

Inoltre, essi hanno giustamente posto l'accento non solo sugli aspetti fisiologici dello stress, come era stato fatto da Selye e dagli altri autori di impostazione fisiologica, ma anche sugli altri aspetti comportamentali associati (FIG. 3).

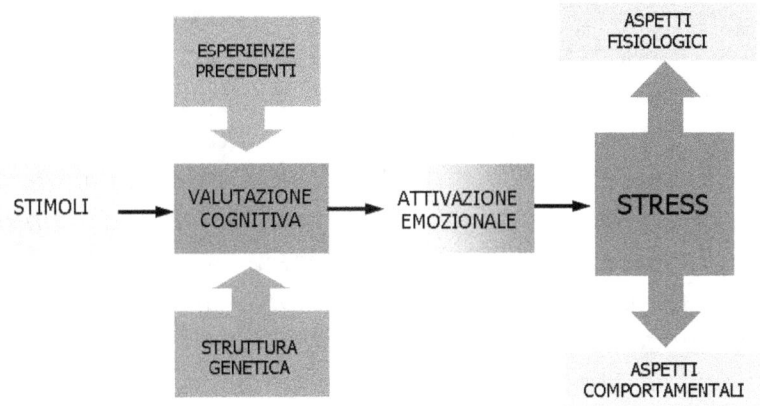

Fig.3: *Stress psicologico. Gli stimoli che raggiungono l'organismo vengono valutati cognitivamente dal punto di vista del loro signifi- cato prima di produrre una reazione emozionale. La reazione di stress, sia nei suoi aspetti fisiologici che comportamentali, è resa dunque parzialmente specifica.*

Lo stress: una definizione operativa

Come si vede, il concetto di stress ha subito un'evolu- zione negli ultimi anni, sulla base comunque della for- mulazione originaria di Selye. Noi riteniamo che sia nel concetto originario che nelle successive modificazioni vi siano elementi di estrema importanza per compren- dere la natura delle interazioni tra l'individuo e il suo ambiente, e i rapporti tra tali interazioni e lo sviluppo di malattie somatiche. Definiamo pertanto lo stress come la risposta dell'organismo ad ogni richiesta di modificazione effettuata su di esso.

Questa risposta si manifesta sia a livello fisiologico sia a livello comportamentale, ed è mediata da un'attivazione emozionale indotta da un valutazione cognitiva del significato dello stimolo. Essa è relativamente a-specifica, nel senso che un'ampia gamma di stimoli può innescarla, ma è personalizzata in rapporto al significato dello stimolo per il singolo individuo, e alle sue modalità di reazione psicofisiologica. Lo stress è, di per sé stesso, una reazione fisiologica, adattativa, caratteristica della vita, che può tuttavia assumere un significato patogenetico quando è prodotta in modo troppo intenso per lunghi periodi di tempo o quando è ostacolata nel suo regolare svolgimento.

Danni da stress

Gli effetti dello stress sull'organismo sono stati studiati da moltissimi anni, e il dettaglio di tali effetti è venuto aumentando con il progredire della medicina e delle specializzazioni ad essa connessa.

Quanto segue vuole essere solo un estratto, un'estrema sintesi delle evidenze cliniche e sperimentali dei danni da stress.

Stress e Sistema Nervoso Vegetativo

Il sistema nervoso vegetativo (SNV) è costituito, analogamente al sistema nervoso relazionale con cui è funzionalmente collegato, da una sezione afferente, da una sezione centrale e da una sezione efferente. La sezione centrale comprende alcune strutture con compiti specifici di integrazione della reazione emozionale a livello fisiologico, come l'ipotalamo e il sistema limbico, e talune aree corticali.

Un aspetto importante del SNV è dato dalla sua capacità di apprendere schemi di reazione nuovi per mezzo di tecniche di condizionamento operante. Questa possibilità, dimostrata sia negli animali che nell'uomo, permette di comprendere le ragioni della elevata specificità della reazione psicofisiologica nell'uomo, e fornisce elementi a sostegno di un possibile apprendimento del disturbo psicosomatico.

La risposta neurovegetativa agli stressor coinvolge tutti gli organi e i sistemi dell'organismo secondo uno schema di risposta che è variabile tuttavia da individuo a individuo. Le ragioni di tale variabilità vanno ricercate, oltre che nei meccanismi di apprendimento, anche nell'intervento di fattori di tipo cognitivo e nei rapporti esistenti tra risposte vegetative e risposte comportamentali. Queste variabili influiscono anche sulla possibilità che l'individuo entri in una zona di rischio psicosomatico per l'azione protratta di stressor ad azione particolarmente stimolante sul piano emozionale.

L'attivazione del sistema neurovegetativo (arousal) che usualmente ha un significato adattativo, e quindi utile per l'organismo, può in talune circostanze costituire un vero e proprio precursore della malattia somatica.

Stress e Sistema Endocrino

Il sistema neuroendocrino rappresenta il perno dei rapporti tra attivazione emozionale, mediata dal sistema limbico, e attivazione endocrina periferica. Le due sezioni principali del sistema neuroendocrino sono situate nell'ipotalamo e nella midollare del surrene, e la loro attivazione in condizioni di aumentata richiesta *prestazionale produce, rispettivamente, un aumento degli ormoni ipofisari e delle catecolammine circolanti.*

In particolare, l'attivazione dell'asse ipotalamo-ipofisi-corticosurrene induce un aumento dei tassi plasmatici di 17-0H-corticosteroidi con effetti periferici a livello del metabolismo protidico, glicidico e lipidico. Queste azioni metaboliche hanno lo scopo funzionale di preparare riserve energetiche di pronto impiego e di preparare quindi l'organismo al suo periodo o fase di attività. L'attivazione catecolamminica prodotta dalla stimolazione della midollare del surrene ha invece un'azione prevalente a carico della muscolatura liscia, accanto ad un'azione metabolica meno rilevante, con lo scopo di modificare lo stato funzionale di tutti gli organi e sistemi durante l'esecuzione dell'azione di attacco o di difesa.

Accanto all'attivazione di questi due principali sistemi neuroendocrini ed endocrini, lo stimolo emozionale produce variazioni dei tassi ormonali anche a carico della prolattina, dell'ormone della crescita, delle gonadotropine e del testosterone, degli ormoni tiroidei. In ogni caso, l'attivazione del sistema endocrino si svolge secondo uno schema multi ormonale variabile da individuo a individuo e dipendente da fattori molteplici quali la struttura di personalità, lo stato emozionale attuale, le modalità e le circostanze dello stimolo. Inoltre, va tenuto presente che la risposta dei vari ormoni si svolge con tempi propri che possono interferire con le modalità di risposta degli altri settori del sistema endocrino.

*Condizioni di attivazione emozionale ed endocrina so-
stenute da stimolazioni croniche, nei confronti delle
quali non possano essere messe in atto opportune
strategie di evitamento, possono costituire una fonte
di rischio psicosomatico per l'individuo.*

Stress e Sistema Immunitario

*Il sistema immunitario, nei suoi due compartimenti
dell'immunità umorale, caratterizzata dalla presenza di
anticorpi circolanti, e dell'immunità cellulare, mediata
direttamente dai linfociti, può essere visto come un sistema relazionale caratterizzato da una sezione afferente, da una sezione di elaborazione centrale e da
una sezione efferente. Come tale, esso funziona in
modo automatico sulla base del programma genetico,
ma può essere influenzato sia da esperienze immunitarie successive che da fenomeni più complessi di apprendimento mediati dal sistema nervoso centrale.*

*L'influenza degli stressor, e specialmente di quelli a
connotazione emozionale intensa, sul sistema immunitario è dimostrata sia da studi sperimentali condotti su
animali che da alcuni studi clinici effettuati sull'uomo.
Si è visto, infatti, che la reattività immunitaria può essere inibita sia in vivo sia in vitro dalla situazione di
stress, e che tale inibizione può aumentare la suscettibilità alle infezioni negli animali da esperimento, sug-*

gerendo la possibilità che analoghi processi si verifi-
chino anche nell'uomo. L'importanza dell'intervento del
sistema nervoso centrale nella regolazione dei processi
difensivi immunitari è d'altra parte sostenuta dalla
presenza di centri ipotalamici, la cui stimolazione o a-
blazione può nettamente influenzare il decorso della
reazione immune.

Il peso sociale degli eventi stressanti

È noto da molto tempo che, in alcuni casi, l'inizio di una malattia somatica è preceduto da avvenimenti caratterizzati da particolare potenzialità stressante per l'individuo, ma solo negli ultimi anni il problema è stato sottoposto a indagine sistematica con metodi obiettivi.

Oggi, lo studio dei rapporti tra eventi stressanti e malattia è condotto con due strumenti principali, denominati rispettivamente SRE (Schedule of Recent Experience) e LES (Life Experience Survey). Entrambi gli strumenti sono costituiti da liste standardizzate di avvenimenti esistenziali stressanti, ma la SRE attribuisce a ciascuno di tali avvenimenti un 'peso sociale' o medio, mentre il LES valuta il 'peso individuale' espresso dalla valutazione soggettiva dell'impatto dell'evento su ciascun individuo. Tali strumenti permettono di avere una valutazione quantitativa e seriata nel tempo dello sforzo di riadattamento richiesto a ogni soggetto in conseguenza dell'azione di vari eventi stressanti.

Si è visto che l'inizio di molte malattie somatiche è preceduto da un aumento dei punteggi di stress esistenziale così calcolati. Infarto e malattie coronariche sono stati i settori più studiati, ma sono disponibili anche dati relativi a malattie respiratorie, malattie reumatiche, malattie gastrointestinali e disturbi psichiatrici. Sono anche disponibili alcuni dati relativi alle corre-

lazioni positive tra punteggi di eventi stressanti e generica tendenza ad ammalare, e dati che depongono per un possibile rapporto tra quantità di eventi stressanti e attivazione catecolamminica.

Ma i dati più significativi provengono dagli studi che tengono conto del vissuto soggettivo dell'avvenimento; è stato visto infatti che l'analisi contemporanea degli avvenimenti considerati come negativi e di quelli considerati come positivi nella vita del paziente permette una migliore discriminazione tra gruppi di malattie somatiche e psichiatriche. I fattori che condizionano la reattività psicobiologica individuale agli eventi esistenziali sono comunque molteplici; tra di essi assumono particolare rilievo la reattività emozionale di base, il ricordo di avvenimenti simili, le associazioni simboliche con altri eventi traumatizzanti pregressi e la rete dei rapporti interpersonali attuali.

Dallo stress alla malattia

Fonte: (P. 1979) Paolo Pancheri "Stress Emozioni Malattia - introduzione alla medicina psicosomatica" - Mondadori

Sia nella letteratura scientifica sia nel linguaggio corrente, il termine stress è stato ed è usato in modi diversi, spesso in contrasto e in conflitto tra loro. Assai frequentemente il termine stress è usato come sino-

nimo di stimolo nocivo. In questo caso, esso è riferito a un ampio spettro di stimoli, esterni o interni, che agiscono sull'individuo a livello psicosociale, intrapsichico, biofisiologico e fisico con particolare intensità o per periodi di tempo particolarmente prolungati.

Si parla in questi casi di "stress sociale", di "stress conflittuale", di "stress da malattia", di "stress fisico" e così via. Il termine, usato in questa accezione, non tiene conto della reazione dell'organismo allo stimolo, anche se talvolta essa è considerata implicitamente.

Spesso, il termine stress è associato a una particolare condizione di stimolo-risposta caratterizzata dalla presenza di una stimolazione particolarmente intensa o prolungata, e da una serie di reazioni sia psicologiche che fisiologiche, espressione della resistenza e della difesa dell'organismo contro le forze che vogliono mutare le condizioni di omeostasi precedenti.

Anche questo uso del termine associa una potenzialità patogena allo stress, ponendo l'accento non solo sullo stimolo, ma anche sulle modalità di risposta dell'organismo. Lo stress, infine, è stato considerato come una risposta fisiologica e psicologica complessa a una serie eterogenea di stimoli fisici, biologici o psicosociali, interni o esterni all'organismo.

In questa prospettiva, che ha dimostrato di essere la più utile in psicosomatica sia a livello teorico che clinico, l'interesse è completamente spostato sulle modali-

tà reattive dell'organismo, viste nel loro duplice aspetto difensivo e patogeno.

L'estrema diffusione del termine stress, sia nella letteratura medico-biologica sia nella letteratura psicologico-psichiatrica, testimonia comunque, al là delle controversie nel significato del termine, dell'importanza di un concetto che esprima la reazione e la resistenza dell'organismo nei confronti di agenti che esercitino una pressione o una richiesta su di esso. Hans Selye ha avuto il merito, per primo, di dare una definizione univoca del concetto in modo organico in una teoria generale della malattia che ha profondamente influenzato la biologia e la medicina degli ultimi venti anni.

Benché le concezioni originarie di Selye (Selye 1956) (H. 1936) siano state, negli ultimi anni, sottoposte a numerose analisi critiche da vari autori e dallo stesso Selye esse fondamentalmente non si sono modificate, e possono ancora oggi essere usate come un utile modello interpretativo per lo sviluppo di malattie somatiche in conseguenza di agenti sia fisici che psicosociali. Un notevole interesse è poi rivestito dallo studio dei possibili meccanismi che mediano i rapporti tra stressor e reazione immunitaria: la scoperta nelle cellule del sistema immunitario di recettori per i mediatori specifici del SNV (noradrenalina e acetilcolina) suggerisce la possibilità di un intervento diretto del sistema neurovegetativo. Inoltre, gli studi condotti con corticosteroidi di sintesi e i dati ricavati dallo studio endocrino dello stress fanno pensare, in certe situazioni di immunodepressione, all'intervento degli ormoni della corteccia surrenale.

Emozioni e Stress

Una delle maggiori difficoltà che si incontrano ogni volta che si tenta una definizione operativa dell'emozione è rappresentata dalla difficoltà a uscire dal soggettivismo degli stati di coscienza. Ogni individuo 'sa' cosa significa provare un'emozione, e può anche giungere a descriverla verbalmente, ma di fronte alla necessità di distinguere uno stato emozionale da uno stato di tipo cognitivo, si trova a dover far ricorso a termini autoesplicativi come 'sento' oppure 'penso', di scarsa utilità operativa.

Da qui Il tentativo della psicologia introspettiva del secolo scorso di classificare e categorizzare diversi tipi di 'sentimenti', 'emozioni', 'passioni' e così via. Il rischio, intrinseco a questa posizione, di una progressiva chiusura in un soggettivismo più suscettibile di comunicazione letteraria e di analisi filosofica che di portare ad un progresso scientifico, ha portato progressivamente negli ultimi cinquant'anni a una posizione opposta. Si è giunti, cioè, a negare ogni significato ai vissuti soggettivi e a parlare esclusivamente di 'comportamenti emozionali', obiettivamente osservabili, descrivibili operativamente e, entro certi limiti, riproducibili in laboratorio.

Questa posizione comportamentista, di diretta deriva-
zione dalla psicologia sperimentale e animale, conside-
ra la descrizione verbale dei contenuti di coscienza
emozionali come un caso particolare di comportamen-
to verbale, analizzabile dal punto di vista delle modali-
tà comunicative ma non da quello dei vissuti soggetti-
vi.

Una prospettiva comportamentista portata alle sue e-
streme conseguenze tuttavia, si trova a dover affron-
tare la difficoltà pratica e concettuale di distinguere
operativamente tra comportamenti emozionali e com-
portamenti non emozionali, senza far ricorso ai vissuti
soggettivi dell'individuo. Di fronte a questo problema,
da parte di alcuni si tende a rinunciare completamente
a qualsiasi definizione dell'emozione, e a limitarsi alla
descrizione di varie tipologie di comportamenti (ad e-
sempio comportamenti appetitivi, avversivi, di evita-
mento, di attacco e fuga, ecc.) nei loro rapporti con
varie categorie di stimoli scatenanti.

In questa prospettiva ci trova nella situazione di avere
particolari stati di sensibilità interna soggettiva, che
ogni individuo riconosce intuitivamente come emozio-
ni, ma di non poter usare tale costrutto in un contesto
di comunicazione scientifica. Una possibile via di uscita
da questa 'impasse' metodologica è venuta dagli studi
di psicofisiologia e di psicoendocrinologia del compor-
tamento che sono andati sviluppandosi negli ultimi an-
ni. Una massa rilevante di dati sperimentali ha infatti
dimostrato, nell'animale, che taluni tipi di comporta-
menti sono costantemente accompagnati da particolari

modificazioni fisiologiche a livello del sistema nervoso centrale (SNC), del sistema nervoso vegetativo (SNV) e del sistema endocrino (SE). Ci si trova dunque di fronte a un mutamento complesso delle condizioni omeostatiche di base dell'organismo, che coinvolge sia le cosiddette funzioni volontarie, mediate del sistema cerebrospinale e muscoloscheletrico, che le cosiddette funzioni autonome mediate dal SNV e dal SE.

Un'analisi sistematica delle condizioni nelle quali si manifestano queste complesse e integrate modificazioni, mostra che esse compaiono caratteristicamente in circostanze che coinvolgono o la sopravvivenza dell'individuo o la sopravvivenza della specie. A livello di sopravvivenza dell'individuo la reazione fisiologico-comportamentale integrata si manifesta di fronte a stimoli minacciosi o pericolosi per l'incolumità fisica o per la vita. A livello di sopravvivenza della specie, essa si manifesta in varie fasi del ciclo riproduttivo quali la ricerca di un partner sessuale, l'accoppiamento e la protezione della prole.

In una prospettiva filogenetica, si può osservare come la reazione fisiologico-comportamentale integrata divenga sempre più modulata e complessa con il progredire della scala animale, parallelamente alla comparsa e allo sviluppo di strutture anatomofunzionali specializzate a tale scopo.

Questo aumento di complessità appare correlato alle aumentate possibilità di sopravvivenza sia dell'individuo che della specie. La reazione fisiologico-

comportamentale integrata è osservabile anche nell'uomo in situazioni che, come nell'animale, sono correlate a problemi di sopravvivenza e di adattamento. Nell'uomo, tuttavia, dato il rilevante sviluppo delle funzioni cognitive mediate dallo sviluppo corticale, essa può essere indotta anche da stimoli solo indirettamente o simbolicamente correlabili a una minaccia per l'individuo o alle funzioni riproduttive.

L'aspetto tuttavia più interessante della reazione fisiologico-comportamentale integrata nell'uomo è dato dalla sua caratteristica associazione con quei particolari vissuti soggettivi conosciuti nel linguaggio corrente come emozioni. In questa prospettiva, i vissuti emozionali soggettivi vengono visti come correlati secondari o "sottoprodotti intrapsichici" di un complesso processo di attivazione somatica finalizzato in via diretta o mediata alla sopravvivenza.

In base a queste considerazioni, si può giungere a una definizione operativa dell'emozione, in cui essa viene intesa come una modificazione delle condizioni omeostatiche di base, finalizzata alla conservazione dell'individuo o della specie per mezzo di specifici comportamenti e di modificazioni somatiche che ne costituiscono il supporto fisiologico e metabolico. Nell'uomo essa si accompagna a particolari vissuti, a tonalità fondamentale piacevole o spiacevole, che possono essere comunicati verbalmente.

Stress, Emozioni e Malattia

Spesso viene effettuata una distinzione tra malattie somatiche e malattie psicosomatiche. I supposti determinanti delle prime sarebbero agenti fisici o biologici, mentre nelle seconde entrerebbero in gioco prevalenti cause di tipo emozionale. In realtà, alla luce di quanto è emerso dallo studio dello stress dalla prima formulazione di Selye fino a oggi, appare chiaro come una tale suddivisione sia priva di significato, e come stressor di varia natura (fisica, biologica o psicosociale) possano, direttamente o attraverso una mediazione emozionale, influenzare il terreno biologico sul quale si inserisce la malattia.

Va rilevato, in effetti, che la concezione, sviluppatasi principalmente nel XIX secolo, che a ogni malattia corrisponde una precisa causa in modo biunivoco ha lasciato il posto negli ultimi decenni a una concezione multicausale della malattia che permette di interpretare meglio i dati clinici e sperimentali.

Alcune malattie possono ancora essere considerate come prodotte da una unica causa (ad esempio la paraplegia da sezione del midollo spinale), ma in molte altre, definite spesso come idiopatiche o essenziali, l'eziologia è certamente pluricausale, senza possibilità di individuare una causa predominante. Anche dove, tuttavia, un agente patogeno appare strettamente connesso a una particolare malattia, è possibile quasi *sempre individuare una serie di concause dotate di potere patogeno a livello del terreno biologico. Ogni malattia dove sia individuabile un agente patogeno principale, infatti, può essere vista come la risultante di due fattori: l'aggressività dell'agente patogeno da un lato e le condizioni dei sistemi biologici di difesa (il terreno) dall'altro.*

Lo sviluppo e il decorso della malattia somatica dipendono dal reciproco equilibrio di questi due fattori: un sistema di difese particolarmente efficiente può compensare un'esposizione a un agente patogeno particolarmente aggressivo, mentre un agente usualmente innocuo (ad esempio un batterio saprofita) può scatenare una malattia in condizione di deficit delle difese biologiche.

È stato ad esempio calcolato che in ogni soggetto normale avvengono usualmente delle mutazioni cellulari di tipo tumorale; in condizioni fisiologiche, tuttavia, le cellule tumorali vengono distrutte prima di raggiungere la massa critica da parte delle difese immunitarie dell'organismo (teoria della immunosorveglianza). In condizioni di depressione del sistema immunitario per ragioni di varia natura (tra cui condizioni di stress patologico), il ritmo delle mitosi cellulari supera le capacità di controllo delle difese immunitarie, e si può avere lo sviluppo del tumore.Nel determinare la reattività del terreno, e quindi la suscettibilità alla malattia per ipo o iper reattività del medesimo, agiscono sinergicamente tre sistemi biologici, la cui caratteristica comune è quella di esercitare un'azione generaliz-

zata a livello di tutti gli organi e di tutti i tessuti: il sistema endocrino, il sistema nervoso vegetativo (o autonomo) e il sistema immunitario. La funzionalità e la reattività di questi tre sistemi sono, a loro volta, controllate da una serie di fattori reciprocamente interagenti tra loro: la struttura genetico-costituzionale, l'imprinting psicobiologico, l'ambiente fisico e, infine, i determinanti emozionali e psicosociali (FIG. 4).

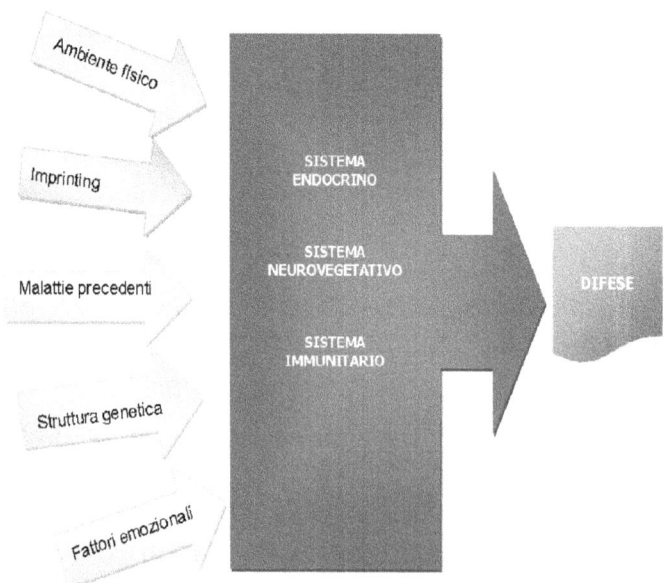

Fig.4: Le difese biologiche. Le condizioni delle difese biologiche (reattività del terreno) sono influenzate direttamente dal sistema endocrino, dal sistema immunitario e dal sistema nervoso vegetativo. Sistemi che, a loro volta, sono influenzati nel loro funzionamento/reattività dalle variabili indicate.

I determinanti emozionali e psicosociali, e la reazione di stress da essi dipendente, sono dunque sempre del-

le concause nella genesi delle malattie a eziologia to-
talmente o parzialmente multi causale. Essi, a seconda
del momento in cui agiscono, della loro intensità e du-
rata e della loro interazione con altri determinanti,
possono agire come elementi predisponenti o come
fattori scatenanti. Il punto importante da sottolineare
è che, allo stato attuale delle nostre conoscenze, non è
dimostrato un rapporto specifico tra tipo di attivazione
emozionale e tipo di malattia somatica sviluppata an-
che quando il ruolo determinante dello stress emozio-
nale è stato accertato. Le differenze nel tipo di malat-
tie sviluppate per cause emozionali dipendono dalla
particolare vulnerabilità dei singoli organi a sua volta
dipendente da fattori puramente fisico-biologici o ge-
netico-costituzionali.

Malessere e costruzione di senso

"I medici pensano che stanno facendo qualcosa per voi
classificando come malattia quello di cui soffrite" Per lo
sguardo medico la malattia ha solo un decorso, un esi-
to, mai un senso" (Galimberti 2007)

Forse si può partire da queste due citazioni per pro-
porre alcune riflessioni sugli orientamenti con cui si af-
frontano quelle che alcuni definiscono patologie orga-
nizzative, e per le quali propongono diverse e numero-
se ricette di cura e guarigione. Emergono, infatti, in
queste vicende delle opzioni che possiamo sicuramen-

te definire "politiche", collegandoci, con questa espressione a quanto sostenuto ad esempio da A. Orsenigo. Si tratta di opzioni politiche, che sembrano tentare manager e imprenditori, persone che a vari livelli operano all'interno di organizzazioni di vario tipo e anche consulenti, ricercatori e formatori.

Opzioni non esplicitate e spesso sottovalutate, ma che ci sembra abbiano una rilevanza e degli impatti trasformativi consistenti sulla vita delle organizzazioni e sulle rappresentazioni che i singoli che vi lavorano si creano, ad esempio, in tema di valori, priorità, modalità di stare in relazione con gli altri, con i problemi, e che gli stessi utilizzano anche per rappresentarsi quanto avviene nel contesto sociale, e quindi politico, più ampio.

Peraltro molti dei problemi che vivono le organizzazioni, e di cui parleremo, ci sembrano gli stessi che, ad altro livello, attraversano la nostra società e che quindi interessano ed impegnano chi si occupa di politica intesa, come da definizione classica del dizionario, come scienza ed arte di governare lo stato. Allora ci sembra che molto spesso il lettore potrebbe sostituire la parola organizzazione con la parola società e pensare che quelli cui ci riferiamo parlando di manager, capi, autorità organizzative possano essere pensati come i politici che scegliamo andando a votare.

Nelle organizzazioni, a fronte di insuccessi e risultati negativi, di conflitti e insoddisfazioni, di blocchi, tensioni e confusioni, di situazioni sempre più diffusamen-

te definite stressanti, sembra che sia possibile, anzi necessario, doveroso, in quanto logico e efficace, definire, individuare cause e caratteristiche di determinate patologie per arrivare alla loro eliminazione (il più possibile rapida ed indolore).

Ovvero, nonostante siano stati scritti i tradizionali fiumi d'inchiostro, si siano fatti centinaia di convegni e seminari, lezioni e conferenze sul tema delle organizzazioni come realtà sociali irriducibili, si continuano a vedere i fenomeni che scandiscono la loro vita come malattie, alterazioni di un presunto stato di salute, mali da estirpare, ostacoli da superare, e quindi segni di debolezza, di cedimento. L'organizzazione sembra debba essere considerata come un organismo armonicamente funzionante, che deve essere liberato dal male prima ancora che si sia capito in che cosa effettivamente consista la sua salute.

Peraltro quello di cui si parla più spesso sono le cosiddette patologie organizzative che impattano sui risultati di efficacia e di efficienza mentre è quasi un tabù organizzativo svelare i collegamenti tra le patologie che riguardano i singoli (che si ammalano di organizzazione e per l'organizzazione in forme più o meno dirette ed evidenti e più o meno gravi) ed il contesto in cui lavorano, pur essendo il luogo di lavoro quello in cui le persone trascorrono la maggior parte del loro tempo.

Al manager o al consulente, al nuovo direttore o anche al formatore frettolosamente ingaggiato viene allo-

ra spesso affidato un mandato assai simile a quello che si potrebbe dare a un medico, in cui affidamenti impliciti e carichi di ambivalenze si impacchettano in linguaggi sovrapposti, incrociati, contaminati con un rassicurante gergo sanitario, con seduttivi riferimenti a ricette miracolose da sintetizzare in slogan accattivanti (ad , esempio corsi manageriali su "benessere orga-nizzativo e check up di clima", su "come vincere lo stress", su "come dare energia al team di lavoro").

Se pensiamo alla politica pubblica l'equivalente parte dagli slogan elettorali e prosegue nei programmi elet-torali e poi nelle leggi ad effetto che spesso sembrano più pensate per i titoli di giornale che per risolvere problemi effettivi. Probabilmente alcune definizioni che sono proprie della cultura medica tradizionale occiden-tale, vengono utilizzate anche dalla cultura manageria-le di stampo aziendalista, per parlare dei disagi che si vivono all'interno delle organizzazioni, perché entram-be le culture condividono degli assunti di impronta car-tesiana che portano a rappresentazioni molto simili ri-spetto ai concetti di benessere e malessere ed al loro relativo trattamento.

D'altra parte ci sembra di rilevare, in ambedue gli am-biti culturali, alcuni movimenti, forse ancora minoritari e a volte guardati con diffidenza, che si rapportano alla "malattia" in un'ottica più dinamica, come fonte di co-noscenza, come messaggio significativo, che la realtà corporea, mentale e sociale offre per illuminare, consi-derare, capire, sentire qualcosa che forse sta sfuggen-do o che non si vuole, più o meno consapevolmente vedere, incontrare, assumere. In medicina sta aumentando sempre più la consapevolezza del ruolo dei fattori psicologico - relazionali nella malattia, così come interessanti ed utili appaiono gli sviluppi ed i collegamenti con le neuroscienze e la diffusione di orientamenti olistico - sistemici, generando quello che viene definito un modello bio – psicosociale, che si caratterizza per il progressivo riconoscimento dell'importanza di valorizzare la complessità ed il ruolo delle interdipendenze che investono livelli diversi, primo tra tutti quello che riguarda l'interazione persona-ambiente.

Riferimenti ad alcune delle tendenze evolutive che si evidenziano anche nell'ambito della cultura medica occidentale, sollecitano e inducono a mettere ulteriormente in luce delle ipotesi, forse più specifiche e appropriate, per trattare alcune questioni critiche che attraversano le organizzazioni di oggi nel tentativo di ricostruire un senso, più vitale e meno patologico, di alcuni nodi critici ("la malattia è fredda ed io ho imparato a ricreare il calore sottratto").

Il persistere e l'insistere nel credere e nel far credere che sia possibile diagnosticare i mali delle organizzazioni e curarli, probabilmente può essere letto come un atteggiamento politico carico di ambivalenza: da un lato si prendono posizioni e iniziative rivolte a migliorare il funzionamento complessivo; si manifesta un concreto interesse per modificare positivamente le condizioni di lavoro, anche in vista di rispondere ad attese dei singoli; dall'altro lato, si assume che il bene dell'organizzazione e di chi in essa lavora, possa esse-

*re individuato e messo in atto da chi nell'organizzazio-
ne ha un ruolo apicale (rifacendosi ad un approccio pa-
ternalistico) o da chi ha un ruolo tecnico-specialistico
(approccio tecnocratico) che lo autorizza a decidere sui
problemi e sulle persone, a volte anche sovrapponen-
do alla realtà complessa e multiforme dei modelli a-
strattamente ordinati o imponendo una propria visione
unilaterale e semplificante. In politica queste semplifi-
cazioni appaiono molto diffuse e rimandano a un o-
rientamento fortemente di-simmetrico in cui spesso
chi ha la responsabilità politica ritiene di assumere il
compito di fornire visioni positive, ricette di successo
che possano assurgere al ruolo di storie vincenti in
grado di motivare e di creare consenso".*

*La scelta di andare in questa direzione non è neutra,
sia essa fatta in "buona" fede, con intenzioni e motiva-
zioni orientate a migliorare, sia essa piuttosto rivolta a
far prevalere univocamente strategie e propositi di
qualche individuo o di qualche gruppo a cui gli altri o
l'organizzazione nel suo insieme inevitabilmente deve
sottostare. Non è neutra perché è impregnata di diverse concezioni dei rapporti (tra differenti attività, posizioni, visioni, interessi che costituiscono la realtà organizzativa) che possono assumere differenti configura-
zioni tra due polarità, tra il considerarle come pluralità
da riconoscere e connettere o trattarle come multifor-
mità rischiose da controllare riducendole entro interazioni gerarchiche duali.*

Prassi internazionali

La circolare Ministeriale del 18 novembre 2010 recita che le linee generali del processo di gestione del rischio stress lavoro correlato traggono spunto "dall'ampia produzione scientifica disponibile sul tema". (lavoro 2010). In effetti, in materia di stress correlato al lavoro, i paesi Europei più avanzati e gli Stati Uniti, hanno elaborato da tempo linee guida e buone pratiche, e addirittura messo a disposizione gratuita veri propri tools di valutazione e gestione. In Italia invece, ancora oggi, sosteniamo che non esiste quasi nulla in materia, e che non si sa come agire in concreto.

Chi ancora non sa come agire, veda i seguenti esempi.

Work positive

Progetto Work Positive", periodo 2005-2007. E' un'iniziativa del Health and Safety Authority (HSA, Republic of Ireland) e della Health and Safety Executive Northern Ireland (HSENI) per la gestione del rischio stress correlato al lavoro.

Queste organizzazioni, insieme con il Governo della Northern Ireland e la Republic of Ireland, hanno congiuntamente guidato il progetto Work Positive, e hanno prodotto uno strumento, un vero e proprio stress audit tool, che può essere usato per assistere le organizzazioni nel mettere in pratica le richieste del Health and Safety Executive's (HSE UK) Management Standards for Work-Related Stress.

Attraverso l'implementazione degli standard individuati (management standards) le organizzazioni vengono messe in condizione di gestire la difficile problematica dello stress da lavoro.

NIOSH approach

NIOSH è l'acronimo di National Institute for Occupational Safety and Health, ed è un'agenzia federale degli Stati Uniti, che si occupa istituzionalmente di sicurezza e salute sui luoghi di lavoro. Sulla base dell'esperienza e della ricerca, NIOSH sostiene che le condizioni di lavoro svolgono un ruolo primario nel causare stress sul lavoro.

Nell'approccio NIOSH tuttavia il ruolo dei fattori individuali non è ignorato. Secondo la concezione NIOSH, l'esposizione a condizioni di lavoro stressanti (chiamate fattori di stress o stressors) possono avere una influenza diretta sulla sicurezza e salute dei lavoratori. NIOSH è conosciuto in Italia dagli addetti ai lavori per aver prodotto una serie di indicatori e metodologie per *la sicurezza dei lavoratori addetti alla movimentazione manuale di carichi pesanti.*

Ebbene NIOSH ha studiato e messo a disposizione metodologie per la gestione del rischio stress da lavoro, e ciò da molto tempo. Quasi tutti sono d'accordo che lo stress da lavoro deriva dall'interazione tra il lavoratore e le condizioni di lavoro. Le opinioni divergono, tuttavia, sull'importanza delle caratteristiche del lavoratore rispetto alle condizioni di lavoro come cause principali di stress da lavoro. Questi punti di vista diversi sono importanti perché suggeriscono diversi modi per prevenire lo stress sul lavoro.

Secondo una scuola di pensiero, le differenze di caratteristiche individuali come la personalità e lo stile di coping sono più importanti nel predire se determinate condizioni di lavoro sono causa di stress. In altre parole, ciò che è stressante per una persona può non esserlo per un'altra. Questo punto di vista porta a strategie di prevenzione che si concentrano sui lavoratori e sui modi per aiutarli a far fronte a impegnative condizioni di lavoro.

Nonostante l'importanza delle differenze individuali non possano essere ignorate, le prove scientifiche suggeriscono che determinate condizioni di lavoro sono stressanti ai più. Il porre l'enfasi sulle condizioni di lavoro come la principale fonte di stress, indica la riprogettazione del lavoro come strategia di prevenzione primaria.

Hse Great Britain

Liberamente tradotto da Hse – health and safety executive – whose mission is to prevent death, injury and ill in Britain's workplaces.

I management standards definiscono le caratteristiche, o cultura, di un'organizzazione nella quale i rischi da stress lavoro correlato vengono effettivamente gestiti e controllati. Essi coprono sei aree chiave dell'organizzazione del lavoro che, se non accuratamente gestite, possono causare problemi alla salute e al benessere, ma anche più bassa produttività e aumento del tasso di assenteismo. In altre parole i sei management standards si riferiscono alle fonti primarie dello stress sul lavoro. Queste fonti primarie sono le seguenti:

✓ *Domande del lavoro: include problemi quali il carico di lavoro, i compiti, l'ambiente di lavoro.*
✓ *Controllo: quanta discrezione hanno le persone sul modo di fare il proprio lavoro.*
✓ *Supporto: include l'incoraggiamento, l'appoggio e le risorse fornite dall'organizzazione, manager di linea e colleghi.*
✓ *Relazioni: include il promuovere modalità di lavoro che evitino conflitti e comportamenti inaccettabili.*
✓ *Ruolo: include la comprensione del proprio ruolo da parte delle persone e quanto l'organizzazione assicura che non vi siano ruoli conflittuali.*

✓ *Cambiamento: come il cambiamento organizzativo, grande o piccolo, è gestito e comunicato all'interno dell'organizzazione.*

I management standards rappresentano un set di condizioni che, se presenti, riflettono un livello elevato di benessere sul lavoro e di conseguente performance organizzativa. I management standards:

✓ *Rappresentano una buona traccia pratica nel processo di valutazione dei rischi.*
✓ *Permettono la valutazione della situazione corrente mediante l'uso di surveys e altre tecniche.*
✓ *Favoriscono discussioni costruttive e permettono di lavorare con i collaboratori nel decidere i miglioramenti che possono essere attuati.*

Aiutano a semplificare la valutazione dei rischi da stress nei seguenti modi:

✓ *Identificando a priori i principali fattori di rischio;*
✓ *Aiutando i collaboratori a focalizzarsi sulle cause e sulla prevenzione;*
✓ *Fornendo una leva per mezzo della quale l'organizzazione può misurare la propria performance nell'attaccare le cause principali di stress.*

Valutazione rischio

Alcuni punti di vista

Tentiamo di fare una sintesi di alcuni punti di vista in materia di stress correlato al lavoro. Questi punti di vista sono diversi, più che sui contenuti, soprattutto in ragione dell'enfasi che pongono su alcuni aspetti metodologici relativi al processo di valutazione del rischio, e ai soggetti che detengono l'ownership degli aspetti principali di detto processo.

Così la Confindustria pone l'accento sulla priorità da dare all'analisi degli elementi oggettivi che possono indicare la presenza del rischio, la CGIL raccomanda di non usare lo "stressometro" per misurare lo stress in quanto ciò che deve essere misurato non è la conseguenza (lo stress appunto) ma le cause della presenza del rischio.

L'ordine degli psicologi traccia il profilo dello "psicologo esperto di organizzazioni lavorative" come figura a cui è opportuno affidare la gestione del processo di valutazione, in questo modo centrando un aspetto importante, e cioè che la conseguenza dell'esposizione al rischio, cioè lo stress, è un elemento da indagare con gli strumenti della psicologia.

I tre punti di vista hanno in comune la concezione che lo stress è una conseguenza, e che ciò che si deve valutare è la presenza del rischio. Ciò è coerente con le linee guida nazionali emanate da organismi istituzionali, e prima ancora con le best practices internazionali. E vi è assoluta concordanza di posizioni sul fatto che fonte primaria di rischio è l'organizzazione e i fattori organizzativi, e che grande importanza hanno le politiche e modalità di gestione delle risorse umane.

La circolare del Ministero del Lavoro del 18 novembre 2010 delinea modalità pratiche per la valutazione del rischio stress lavoro correlato, intendendo in tal modo fornire una guida ai datori di lavoro, che sostenevano di non poter agire per la mancanza di "norme tecniche" e di prassi operative a cui fare riferimento.

La stessa circolare, nel delineare le linee generali del processo di gestione del rischio stress lavoro correlato, fa notare che esse traggono spunto "dall'ampia produzione scientifica disponibile sul tema", e aggiungiamo noi, anche dalle numerose esperienze ricavabili dalle pratiche consolidate di valutazione dello stress lavoro correlato nei paesi nordeuropei e negli Stati Uniti. Vi è, inoltre, abbondante materiale in letteratura sulle modalità di gestione dello stress lavoro correlato. Citiamo, ad esempio, "People in organizations, Chapter 7 Job stress, Terence Mitchell and James Larson, McGraw-Hill international editions, 1987."

Fatte queste premesse dobbiamo prendere atto che le resistenze che si sono riscontrate e che tutt'ora si ri-

scontrano nell'attuare la norma traggono origine dalla mancanza di conoscenza, o nella peggiore delle ipotesi da tentativi dilatori.

Le indicazioni della circolare ministeriale sono "redatte secondo criteri si semplicità, brevità e comprensibilità" e indicano un percorso chiaro e trasparente, che toglie al processo di valutazione dello stress da lavoro l'aura di materia riservata ai guru del mestiere. Del resto lo si poteva comprendere fin dal recepimento dell'accordo Europeo sullo stress lavoro correlato, risalente al 2004 (!), che si tratta di una materia in cui le parti sociali hanno un peso determinante.

Ciò è evidente in particolare nella fase che tutte le linee guida individuano come cruciale per la gestione dello stress da lavoro, cioè gli interventi sull'organizzazione. L'organizzazione viene individuata, in tutti gli approcci, come la primaria potenziale fonte di stress. Gli interventi organizzativi devono essere accompagnati da interventi di tipo formativo, che hanno lo scopo di incrementare la capacità di coping dei lavoratori. Gli interventi sull'individuo sono previsti dalla normativa solo a livello residuale, aspetto questo che è presente anche in tutta la normativa, prassi, letteratura internazionale.

Tuttavia, la circolare ministeriale indica alcune modalità pratiche di effettuazione della valutazione che non sono prive di difficoltà. Ci riferiamo alla possibilità che la valutazione, sia preliminare sia approfondita, nelle imprese di maggiori dimensioni possa essere fatta in-

dagando campioni rappresentativi di lavoratori. La rappresentatività di un campione, in senso statistico, si ottiene con procedimenti rigorosi e complessi, che non sempre sono alla portata delle imprese. Ma, ancora più importante, data la complessità del processo di campionatura, è molto probabile che questo processo risulti incomprensibile alle parti in causa, cioè ai lavoratori e alle loro rappresentanze. Risulta di conseguenza, forse, più semplice "sentire" tutti i lavoratori con modalità che garantiscano la privacy, attraverso la somministrazione di un questionario standardizzato.

Inoltre, il documento di valutazione deve contenere l'indicazione di un percorso metodologico e un piano di azione. Il percorso metodologico comporta di definire una strategia di gestione dei rischi psicosociali e, in particolare, del rischio stress lavoro correlato.

Le linee guida dell'ISPESL (ora INAIL) delineano, passo dopo passo, i punti salienti di detta strategia. L'aspetto importante è che questa strategia deve essere integrata, subito o nel tempo, con la complessiva strategia d'impresa. ISPESL mette a disposizione anche i punti salienti di un possibile piano di azione, che comporta necessariamente un momento di follow up e di ritaratura. Mette anche a disposizione una serie di indicatori per il monitoraggio della situazione nel tempo, indicatori, anche questi, presenti abbondantemente il letteratura.

Si veda, ad esempio, "Preventing absenteeism at the workplace, research summary, European foundation for the Improvement of Living and Working Conditions, 1999". Questo studio mette in evidenza come, a seconda della motivazione individuale e della pressione sul lavoro, si possono creare problemi di salute che possono sfociare nell'assenteismo.

Il livello oltre il quale i problemi di salute danno luogo ad assenteismo viene definito 'barriera dell'assenteismo'. Il ritorno al lavoro dipende dal decorso della malattia, e il livello oltre il quale si verifica il ritorno al lavoro può essere definito "barriera del reinserimento". Per barriera del reinserimento si intende la totalità dei fattori che influenzano il decorso della malattia e il ritorno al lavoro. L'intero processo è influenzato da fattori individuali, fattori aziendali, e da fattori sociali. Ad esempio, a livello individuale, fattori biologici e psicologici come la costituzione fisica e la resilienza influenzano la barriera del reinserimento.

Dopo la prima applicazione della norma, allo scopo di ottemperare all'obbligo di Legge, si assisterà nel tempo (che ci auguriamo breve, ma temiamo non sia così) al consolidarsi di pratiche sempre più sofisticate, che riguarderanno aspetti che attengono al benessere lavorativo. Il tema del "benessere organizzativo" o "salute organizzativa" è ormai da tempo argomento di attenzione, anche normativa. Per benessere organizzativo si intende comunemente la capacità dell'organizzazione di promuovere e mantenere il benessere fisico, psicologico e sociale dei lavoratori per tutti i livelli e i ruoli. Studi e ricerche sulle organizzazioni hanno dimostrato che le strutture più efficienti sono quelle con dipendenti soddisfatti e un "clima interno" sereno e partecipativo. La motivazione, la collaborazione, il coinvolgimento, la corretta circolazione delle informazioni, la flessibilità e la fiducia delle persone sono tutti elementi che portano a migliorare la salute mentale e fisica dei lavoratori, la soddisfazione dei clienti e degli utenti e, in via finale, ad aumentare la produttività.

Gli strumenti testistici

A parte le ovvie considerazioni sui costi, resta comunque una forte perplessità in ambito scientifico e consulenziale sull'attendibilità dei risultati ottenuti attraverso i questionari per quella specifica azienda e per l'utilizzo che può essere fatto dei risultati. Proprio per questo noi ribadiamo che un approccio centrato prevalentemente o quasi esclusivamente sull'uso di questionari, oltre a costare a volte anche una cifra considerevole, sia un approccio incompleto, quando poco realistico.

A questo proposito, riportiamo qui di seguito parte di uno tra i tanti articoli apparsi negli ultimi due anni sul tema. Si tratta di un articolo scritto da Paul Maurice Conway - Psicologo della Salute Occupazionale, PhD del Dipartimento di Medicina del Lavoro - Università degli Studi di Milano, pubblicato sulla newsletter dell'Associazione per la sicurezza dei lavoratori *dell'edilizia e dal titolo: "Analisi di alcuni strumenti di valutazione soggettiva dello stress lavorativo".*

"Benché i questionari soggettivi rappresentino strumenti sostanzialmente validi per l'analisi del rischio da stress lavoro-correlato, è importante tenere conto di alcuni limiti che li caratterizzano e contestualizzarli a-deguatamente nel complesso delle procedure di valutazione e gestione del rischio stress lavoro-correlato. In particolare, è utile considerare i seguenti aspetti, soprattutto nell'ambito delle valutazioni del rischio stress lavoro-correlato da effettuarsi in singole realtà organizzative.

Nella maggioranza dei casi, i questionari per la valutazione soggettiva dello stress lavoro correlato sono stati sviluppati a partire da quadri teorici, e dunque pongono l'accento su determinati fattori di rischio e sulle loro interazioni. Di conseguenza, nonostante l'indubbio vantaggio legato alla semplificazione, è possibile che trascurino fattori di rischio che potrebbero risultare invece determinanti in un ambito lavorativo specifico.

I questionari generalisti, contenendo domande applicabili a qualsiasi ambito, possono risultare "distanti" dal lavoro reale delle persone. Per una valutazione a-deguata, è dunque importante utilizzare anche strumenti che consentano un'analisi più "ecologica" del lavoro, in modo da cogliere rischi propri del contesto in esame. Per assicurare la validità della valutazione, ed evitare la "trappola della banalità" (ossia la presenza di correlazioni tra esposizione ed esiti di salute dovute in buona parte al metodo comune utilizzato per la misurazione, soprattutto per via dell'influenza esercitata da disposizioni personali quali l'affettività negativa), è opportuno, se fattibile, basare l'analisi sul principio della "triangolazione metodologica", ossia combinare dati self-report con dati "oggettivi", raccolti in maniera indipendente rispetto ai soggetti esaminati (per esempio checklist osservazionali, esame della documentazione, analisi dell'esperto, indicatori fisiologici). In più, l'uso di dati "oggettivi" consente di identificare precisi aspetti del compito e dell'organizzazione del lavoro associati alle maggiori criticità emerse dalle valutazioni soggettive, così da supportare l'attuazione di interventi concreti di riduzione primaria del rischio.

I valori normativi di un questionario dovrebbero essere interpretati non secondo un approccio manicheistico "bene/male", ma come indicazione di aspetti prioritari su cui una specifica realtà organizzativa dovrebbe porre attenzione ai fini della riduzione e/o prevenzione del rischio. E' tuttavia importante analizzare attentamente la qualità dei valori normativi, in particolar modo il campione raccolto e l'attualità dei dati.

Una critica mossa nei confronti dell'uso di valori normativi nell'ambito della valutazione dello stress lavoro correlato è legata al posizionamento della soglia: infatti, nel caso all'interno del campione utilizzato per calcolare le norme questa coincidesse con un valore negativo, un valore comparativamente più favorevole osservato in una determinata realtà lavorativa non potrebbe essere interpretato come una situazione positi-

va. Perché la valutazione possa essere considerata valida (tasso di risposta, non condizionamento delle risposte, ecc.), è opportuno operare scelte ponderate rispetto alle modalità di somministrazione dei questionari, che sono tanto importanti quanto il loro contenuto.

Non solo questionari.

Sempre dalle Linee Guida del Coordinamento Tecnico Interregionale della Prevenzione nei Luoghi di Lavoro, riportiamo quanto segue:

"I questionari sono strumenti di rilevazione dei vissuti e della percezione soggettiva del gruppo dei lavoratori, ovvero permettono di fotografare lo stato di salute/malessere dei lavoratori in relazione all'organizzazione. Sono da escludere a priori tutti i test-questionari di matrice clinica: questi ultimi sono strumenti esclusivamente mirati a definire profili di personalità e a individuare aspetti psicopatologici individuali, e non hanno nulla a che vedere con l'investigazione degli aspetti organizzativi di un'azienda/istituzione.

Vanno utilizzati questionari validi e attendibili; la "validazione" deve essere stata effettuata su un campione italiano e certificata da esperti della ricerca; non è sufficiente tradurre questionari da lingue straniere e somministrarli *"tout court"* a lavoratori italiani. Vanno seguite modalità univoche di somministrazione e interpretazione dei punteggi. Va garantito l'anonimato alle persone cui viene somministrato il questionario (non può essere usato il veicolo *"internet"* o *"intranet"*, laddove sia identificabile la postazione del lavoratore)."

Questa è, per quanto ci riguarda, la *"base minima"* da tenere in considerazione. Aggiungiamo che il questionario non è un *"test della verità"*: è uno strumento, e in quanto tale non è mai neutro. Esso assume il senso e il significato che gli attribuiscono coloro che lo utilizzano. Ciò implica, pertanto, un uso ragionato e attento, contestualizzando lo strumento all'interno di un processo articolato e complesso e non come risolutore.

Tanto che, qualunque questionario si prenda in considerazione, da quelli usati in ambito europeo a quelli standardizzati per l'Italia, nessuno fornisce (e mai potrebbe farlo) indicazioni operative sul come intervenire dopo! Queste dipendono dai contesti organizzativi specifici, non assimilabili all'interno di macrocategorie merceologiche e/o produttive. Ritorniamo, pertanto, a quanto affermato poc'anzi: per valutare, monitorare e ridurre lo stress correlato al lavoro occorre intervenire sulle politiche di gestione delle risorse umane. Qualunque altra strada è uno spreco di tempo e soldi. Nonché un'occasione mancata per accrescere il proprio business.

La circolare Ministeriale, di cui alle pagine precedenti, è impostata sul criterio di rendere facile l'applicazione nella pratica, e chiarisce esplicitamente che le indicazioni suggerite rappresentano un percorso metodologico che costituisce il livello minimo di attuazione dell'obbligo.

Linee generali per la valutazione

La Responsabilità Sociale d'Impresa concerne anche l'etica del lavoro, ed una cultura d'impresa che promuova comportamenti responsabili. Ciò comprende pratiche di responsabilità sociale verso i lavoratori in relazione alla sicurezza e salute, alle condizioni di lavoro, agli investimenti sul capitale umano. Guardare oltre la forza lavorativa e svilupparne le capacità ha importanza strategica per le aziende.

Tra le prerogative della RSI rientrano anche quelle di concentrarsi sui rischi psicosociali e promuovere il benessere sul posto di lavoro. I rischi psicosociali legati al lavoro fanno riferimento ad aspetti della progettazione e della gestione del lavoro ed al suo contesto sociale ed organizzativo potenzialmente in grado di causare danno psicologico o fisico. Essi sono stati identificati come una delle maggiori sfide contemporanee per la salute e la sicurezza occupazionale e sono legati a problemi nel posto di lavoro quali stress da lavoro, violenza nel posto di lavoro, molestie e mobbing.

La gestione del rischio psicosociale rientra tra gli obblighi dei datori di lavoro di valutare e gestire tutti i tipi di rischi per la salute dei lavoratori, come indicato nella Direttiva Quadro del Consiglio Europeo sulla Introduzione delle Misure per Favorire il Miglioramento della Sicurezza e Salute dei Lavoratori nei luoghi di lavoro. Sono, inoltre, rilevanti due accordi conclusi tra i

Partners Sociali Europei: l'accordo quadro sullo stress correlato al lavoro (2004) e l'accordo quadro su molestia e violenza morale sul lavoro (2007).

Una buona prassi in relazione alla gestione del rischio psicosociale riflette, essenzialmente, una buona prassi in termini di gestione organizzativa, di apprendimento e sviluppo, di responsabilità sociale e di promozione della qualità di vita del lavoratore. Porta a una migliore produttività, migliore qualità di prodotti e servizi, maggiore capacità di attrazione sul mercato del lavoro e migliore capacità di innovazione. La gestione del rischio psicosociale deve essere un processo continuo, parte delle normali attività dell'impresa.

Nella pratica quotidiana i rischi psicosociali hanno molte cause. Conseguentemente non esistono soluzioni veloci e predefinite; è necessario un processo gestionale continuo. Per essere efficace, prima di scegliere una soluzione, è importante comprendere i principali fattori causali. E' importante che i tutti i soggetti coinvolti nella gestione del rischio psicosociale siano responsabili del lavoro da fare ed abbiano responsabilità nel processo.

La gestione dei rischi psicosociali richiede una strategia di soluzione dei problemi sistematica, basata sulle evidenze e sulla pratica. Deve essere indirizzata a produrre un resoconto ragionato dei più importanti fattori psicosociali associati con la malattia-salute di uno specifico gruppo di lavoratori e basata sulle evidenze. La gestione dei rischi psicosociali dovrebbe coinvolgere tutti gli attori e non richiedere solo di modificare la loro percezione del rischio ed il loro comportamento. L'enfasi della legislazione Europea sulla salute e la sicurezza è rivolta verso la prevenzione primaria, che è focalizzata sull'organizzazione in quanto generatrice di rischio. Tuttavia, anche azioni specifiche, incentrate sul livello individuale, possono giocare un ruolo importante, in funzione dell'ampiezza e severità del problema, all'interno delle organizzazioni.

Valutazione del rischio

La valutazione del rischio è un elemento centrale nel processo di gestione dello stesso. Si tratta di "un'analisi sistematica del lavoro svolto per valutare quale può essere la causa di lesione o danno, se il pericolo può essere eliminato, e, in caso negativo, quali sono o quali possono essere le misure di prevenzione o protezione nell'ambito del controllo dei rischi".

La valutazione del rischio fornisce informazioni sulla natura e sulla gravità del problema, i pericoli psicosociali ed il modo con cui possono incidere sulla salute dei lavoratori ad essi esposti. Una valutazione del rischio ben realizzata non solo identifica le criticità nell'ambiente lavorativo, ma identifica anche gli aspetti positivi che potrebbero essere favoriti e implementati. Lo scopo della valutazione del rischio è quello di informare, guidare e sostenere la conseguente riduzione *del rischio stesso; non è un obiettivo fine a se stesso. La valutazione del rischio deve:*

- ✓ *essere basata su dati raccolti con strumenti quali indagini, discussioni individuali o di gruppo o con metodi osservativi*
- ✓ *prendere in considerazione diversi aspetti e non i-gnorare il contesto più ampio, come le caratteristiche del settore occupazionale o socio-economico*
- ✓ *riconoscere ed utilizzare la conoscenza e l'esperienza dei lavoratori in merito al loro lavoro*
- ✓ *trattare le informazioni a livello di gruppo (non come insieme di punti di vista individuali sul lavoro) e verificare il consenso presente nei giudizi degli e-sperti sulle condizioni lavorative.*

Prima di passare alla pianificazione razionale dell'azione, è necessario analizzare se e quali misure sono attualmente in atto nei confronti dei pericoli psicosociali e dei loro effetti sull'individuo o sull'organizzazione. Quest'analisi richiede un controllo (revisione, analisi e valutazione critica) delle prassi di gestione esistenti e del supporto ai lavoratori. Le informazioni dedotte dal controllo, accanto a quelle tratte dalla valutazione del rischio, determinano l'avanzamento del processo di attuazione.

Sviluppo di un piano d'azione

Quando sia stata sufficientemente compresa la natura dei problemi e le loro cause, è possibile sviluppare un piano d'azione ragionevole e pratico in grado di ridurre il rischio. Gli interventi per la riduzione dei rischi devono dare priorità alla modificazione dei fattori di rischio psicosociale alla fonte, focalizzandosi sull'organizzazione o sui gruppi al suo interno.

Le misure dirette al lavoratore possono essere complementari ad altre azioni, e sono un supporto importante per quei lavoratori che stanno già soffrendo gli effetti negativi dell'esposizione ai fattori di rischio.

Un passo cruciale per la riduzione dei rischi è l'implementazione delle misure e degli interventi.

L'implementazione del piano d'azione per la riduzione del rischio necessita di essere gestita attentamente ed esaustivamente.

L'avanzamento del piano d'azione deve essere sistematicamente monitorato, registrato e discusso per identificare eventuali correzioni da apportare, come pure deve essere prevista una sua valutazione. Per determinare se un piano di azione abbia funzionato realmente e in quali termini, è essenziale una sua valutazione. Devono essere valutati sia il processo di implementazione sia gli effetti del piano d'azione stesso.

La valutazione deve prendere in considerazione i diversi canali informativi e deve essere dedotta da un numero rilevante di prospettive.

Per un miglioramento continuo, l'organizzazione deve utilizzare la valutazione anche come base per la condivisione delle acquisizioni che possono essere utili per la gestione futura del rischio, ma anche per la progettazione della organizzazione del lavoro e del posto di lavoro come parte di un normale processo di sviluppo organizzativo. E' essenziale un orientamento a lungo termine.

La conoscenza degli effetti del processo di gestione del rischio è un contributo importante nel processo continuo di valutazione dello stesso. Un'organizzazione sana è un'organizzazione con valori e pratiche che facilitano la salute e il benessere dei lavoratori e capace di migliorare produttività e rendimento.

Il processo di gestione dei rischi psicosociali può contribuire a:

✓ *ridurre i costi per assenteismo o errori e incidenti e, quindi, contribuire al relativo aumento della produzione*
✓ *ridurre i costi per trattamenti medici e premi assicurativi e responsabilità relative*
✓ *migliorare i processi lavorativi e della comunicazione e promozione dell'efficacia e dell'efficienza lavorativa*

✓ aumentare la valutazione positiva dell'organizzazione in quanto il datore di lavoro viene apprezzato dai suoi dipendenti e utenti
✓ sviluppare una cultura aziendale innovativa, responsabile, orientata al futuro

Migliori prassi in materia di gestione dei rischi psicosociali si riflettono essenzialmente in migliori pratiche di gestione organizzativa, apprendimento e sviluppo, responsabilità sociale e promozione della qualità della vita lavorativa.

Indicatori per monitoraggio

Il modello deve:

✓ identificare gli indicatori di esposizione (cioè i fattori di rischio psicosociali), effetti e azioni preventive o interventi
✓ illustrare il processo ciclico di gestione del rischio psicosociale
✓ affrontare tre livelli di impatto: il livello individuale, il livello organizzativo ed il livello società/settore o nazionale.

Aspetti principali per il successo

Il successo e l'efficacia dell'intervento saranno influenzati dalla disponibilità e dalla resistenza dell'organizzazione al cambiamento. Affrontare tutti i problemi e tutti gli aspetti identificati, in merito alla valutazione del rischio psicosociale, può comportare una richiesta onerosa di risorse ed una complicata azione di intervento che avrebbe scarse probabilità di successo.

La strategia di intervento deve contemplare soluzioni realizzabili che possono essere adottate nella pratica lavorativa quotidiana rendendo, quindi, l'implementazione più facile, di maggior successo e durevole nel tempo.

Per avere successo nella prevenzione e nella gestione dello stress da lavoro, le strategie di intervento devono comprendere elementi di tutti e tre i livelli: prevenzione primaria, secondaria e terziaria. L'impegno per affrontare i rischi psicosociali e lo stress da lavoro non deve essere visto come una attività "una tantum", ma, al contrario, deve essere inserito nella pratica lavorativa quotidiana.

Un esempio di piano di miglioramento

Questo esempio è tratto da un complesso piano d'intervento attuato in un'organizzazione (Ente pubblico) con un migliaio di dipendenti.

Premessa

Gli interventi finalizzati alla riduzione o eliminazione dei rischi sono centrati soprattutto sull'organizzazione, quale potenziale generatrice di rischio stress lavoro correlato, e sulla formazione, che è un potente strumento in grado di aumentare la capacità dell'individuo di sopportare le situazioni stressanti. Nella prassi operativa si parla di prevenzione primaria nel primo caso, e di prevenzione secondaria nel secondo caso.

Interventi organizzativi strutturali

Questi interventi hanno effetti su tutta l'organizzazione e richiedono tempi significativamente lunghi di implementazione; è quindi opportuno che siano pianificati in un arco temporale ultra annuale. Si sottolinea che i fattori per i quali la valutazione mostra una necessità di intervento si possono considerare tutti attinenti alle modalità di gestione delle risorse umane, e pertanto *gli interventi strutturali suggeriti sono ispirati alle buone pratiche di gestione sperimentate in questo ambito, tengono conto della direttiva del Dipartimento della Funzione Pubblica già indicata su questo documento nella parte relativa alla valutazione del rischio stress lavoro correlato, e considerano anche la tipologia di interventi necessari già emersi in fase di valutazione preliminare. I fattori di rischio emersi come problematici nell'indagine condotta per la valutazione approfondita del rischio stress lavoro correlato sono i seguenti:*

✓ *Sviluppo di carriera;*
✓ *Ruolo;*
✓ *Interfaccia casa lavoro;*
✓ *Carico di lavoro;*
✓ *Orario di lavoro;*
✓ *Qualità delle relazioni.*

Le risultanze della valutazione preliminare effettuata in precedenza avevano evidenziato le seguenti criticità, riferite ad aspetti di organizzazione del lavoro e di cultura organizzativa:

✓ *Bassa integrazione tra le diverse culture dirigenziali;*
✓ *Scarso riconoscimento del proprio lavoro da parte dei clienti interni;*
✓ *Sistema di valutazione delle prestazioni non applicabile in modo uniforme;*
✓ *Assenza di un adeguato supporto nella gestione dei carichi emotivi;*

✓ *Eccessiva rigidità nei meccanismi di passaggio interni ai diversi servizi dell'Amministrazione.*

Il Dipartimento della Funzione Pubblica, con direttiva del 24 marzo 2004, indica come intervenire per gestire le situazioni di rischio; dette indicazioni, riferite ai fattori individuati come problematici, sono le seguenti:

✓ *Riconoscere e valorizzare le competenze e gli apporti dei dipendenti, stimolare nuove potenzialità, assicurare adeguata varietà dei compiti ed autonomia nella definizione dei ruoli organizzativi, pianificare adeguati interventi di formazione;*
✓ *Creare un clima relazionale franco e collaborativo;*
✓ *Assicurare equità di trattamento a livello retributivo, di assegnazione di responsabilità, di promozione del personale e di attribuzione dei carichi di lavoro, nel rispetto dei contratti collettivi nazionali di lavoro.*

Alla luce di queste considerazioni e di questi dati si suggeriscono i seguenti interventi:

✓ *Introdurre e utilizzare gli standard di gestione, spiegati in dettaglio in un successivo capitolo, allo scopo di rendere chiari e trasparenti i ruoli, e le aspettative di ruolo, nella gestione dei rischi psicosociali;*
✓ *Introdurre metodi di valutazione sull'applicazione degli standard di gestione nei concreti comportamenti quotidiani, con lo scopo di rendere evidente il*

nesso tra una prestazione positiva e il buon uso degli "standard di gestione";

✓ *Introdurre metodi di valutazione incrociata, da parte del cliente interno o esterno, integrando il processo esistente, con lo scopo di perseguire la giustizia organizzativa;*

✓ *Attuare iniziative di bilanciamento dei tempi di vita e di lavoro per particolari categorie di lavoratori, ad esempio le donne, o coloro che hanno carichi familiari "pesanti";*

✓ *Introdurre un piano di formazione di formatori; si tratta di formare un numero sufficientemente esteso di collaboratori all'erogare formazione, con il duplice scopo di gestire, senza costi aggiuntivi, i piani formativi, e dall'altro lato di utilizzare la funzione motivante dell'essere chiamato a fare il formatore.*

Gli interventi suggeriti devono trovare ampia condivisione sia a livello dei vertici della struttura organizzativa, sia a livello dei lavoratori e delle loro rappresentanze.

Gli "Standard di gestione"

Gli standard di gestione definiscono le caratteristiche, o cultura, di un'organizzazione nella quale i rischi da stress lavoro correlato vengono effettivamente gestiti e controllati. Essi coprono le [1] nove aree chiave dell'organizzazione del lavoro indagate dal questionario, che se non accuratamente gestite, possono causare problemi alla salute e al benessere, ma anche più bassa produttività e aumento del tasso di assenteismo. In altre parole gli standard di gestione si riferiscono alle fonti primarie dello stress sul lavoro.

Ricordiamo che i nove fattori indagati sono i seguenti: Cultura e organizzazione, Sviluppo di carriera, Ruolo, Autonomia, Interfaccia casa lavoro, Ambiente e sicurezza, Carico di lavoro, Orario di lavoro, Qualità delle relazioni.

Gli standard di gestione rappresentano un set di condizioni che, se presenti, riflettono un livello elevato di benessere sul lavoro e di conseguente performance organizzativa. Inoltre, favoriscono discussioni costruttive e permettono di lavorare con i collaboratori nel decidere i miglioramenti che possono essere attuati, aiutando a semplificare la valutazione quotidiana dei rischi da stress nei seguenti modi:

✓ Rendendo chiari e trasparenti a priori i principali fattori di rischio;
✓ Aiutando, sia i capi sia i collaboratori, a focalizzarsi sulle cause e sulla prevenzione;

---

[1] In questo esempio concreto si sono indagate nove aree organizzative; il modello dei management standards illustrato in precedenza, tratto da HSE, fa riferimento a sole sei aree organizzative.

✓ Fornendo una leva per mezzo della quale l'organizzazione può attaccare le cause principali di stress.

Applicazione degli standard

Tutti i membri dell'organizzazione hanno una responsabilità per la salute e il benessere proprio, dei propri colleghi e collaboratori e, in generale, di tutti i lavoratori, nel luogo di lavoro. Lavorando insieme, ogni persona può contribuire a prevenire lo stress correlato al lavoro.

Le linee guida internazionali e nazionali sono concentrate su un approccio proattivo con focus sull'organizzazione, quale potenziale generatrice di stress. All'interno dell'organizzazione ci sono una serie di attori che hanno ruoli e responsabilità importanti. Le ricerche dimostrano che quando queste persone lavorano efficacemente insieme ci possono essere notevoli benefici per l'organizzazione. Questi sono i ruoli che sono fondamentali per il successo delle politiche di gestione dei rischi psicosociali.

✓ Dirigenti, Datori di Lavoro
✓ Responsabile del Servizio di Prevenzione e Protezione
✓ Responsabili di linea (Ufficio, Servizio)
✓ Medico competente

✓ Rappresentati dei Lavoratori per la Sicurezza
✓ Responsabile delle Risorse Umane
✓ Tutti i collaboratori
✓ Altri operatori della sicurezza (Es. Consulenti)

Interventi mirati rapidi

Si tratta di interventi di riduzione o eliminazione dei rischi specifici che possono essere decisi dalla Direzione dell'area organizzativa specifica, che verranno individuati con lo strumento del Focus Group. Detto strumento è indicato dalle linee guida ISPESL/INAIL come "un buon sistema per far emergere le problematiche specifiche" e per una "traduzione" in concreto dei risultati della valutazione.

I Focus Group

Per l'efficacia dello strumento è necessario che i partecipanti arrivino preparati sui temi da discutere. La discussione sarà destrutturata o lievemente strutturata, ma su punti ben noti, che riguardano i fattori di rischio individuati con la valutazione approfondita. Le risultanze del focus group saranno verbalizzate e entreranno nel documento di valutazione dei rischi, nella parte che riguarda i piani d'azione.

Qualche giorno prima del focus i partecipanti riceveranno una copia delle proposte di intervento attinenti a ciascun fattore di rischio, in modo che possano acquisire familiarità. Le proposte per ciascun fattore di rischio costituiranno la base per la discussione.

Il risultato del focus group sarà un piano d'azione di breve termine. Alcuni fattori di rischio devono essere gestiti a livello di organizzazione generale, in quanto attengono a elementi di politica generale, su cui i responsabili dei singoli servizi non hanno possibilità di incidere.

Formazione e comunicazione

La formazione/informazione deve essere incentrata sui fattori utilizzati nella valutazione approfondita del rischio stress lavoro correlato, emersi come problematici per l'organizzazione, con approfondimento della metodologia valutativa e studio delle buone pratiche di applicazione. Più in dettaglio, la formazione riguardante l'approfondimento della metodologia valutativa deve soffermarsi sui seguenti aspetti:

✓ I nove fattori di rischio su cui si basa il modello;
✓ Le modalità con le quali il modello si adatta alla propria organizzazione;

✓ *Il confronto fra la propria situazione organizzativa e alcune buone pratiche di gestione;*
✓ *I fattori di rischio emersi nella propria realtà organizzativa.*

Dato che le nove dimensioni organizzative indagate riguardano le principali fonti di stress negli ambienti di lavoro, l'acquisire familiarità con esse rappresenta un buon contributo all'incremento della capacità di gestire i carichi stressanti.

Stress e risorse umane

In questo capitolo cercheremo di mostrare come una grande organizzazione, multinazionale con migliaia di dipendenti, che chiameremo Rocky Mountain, abbia seguito il modello della Gestione Strategica delle Risorse Umane nell'implementazione della propria politica di gestione delle persone.

In particolare si intende evidenziare come l'impresa abbia adottato un approccio molto simile al c.d. modello "universalistico" (Pfeffer, 1998) (Jeffrey 1998): si metteranno in luce le 7 azioni suggerite da Pfeffer e si declineranno in riferimento al caso di Rocky Mountain, in termini di relazioni con i valori, con la strategia corporate e con le politiche della funzione Risorse Umane. La tesi è dimostrare come questa multinazionale di successo abbia costruito un'architettura di gestione delle Risorse Umane efficace e distintiva.

Pfeffer e le sette best practices

Gli studiosi che hanno elaborato la teoria universalistica sostengono che esista un determinato insieme di pratiche per la gestione delle risorse umane in grado di garantire performance assai elevate per l'impresa nel suo complesso, con effetti positivi indipendenti dal tipo di organizzazione, dal settore in cui opera, dalle sue dimensioni e da altri fattori contingenti che influenzano le scelte strategiche. In altri termini, si può dire che quanti si riconoscono nel modello universalistico ritengono che un determinato insieme di pratiche eccellenti di gestione delle risorse umane determini un vantaggio competitivo differenziale indipendentemente, per esempio, dal settore economico in cui l'impresa opera, dalle caratteristiche dell'ambiente competitivo o dalla sua configurazione organizzativa. L'obiettivo strategico per il management è dunque l'investimento per lo sviluppo di determinate pratiche definite e individuate a priori (Silvestri, Pilati 2005).

All'interno di tale filone risulta estremamente interessante il modello proposto da Jeffrey Pfeffer, il quale individua sette pratiche in grado di garantire una maggior produttività della forza lavoro dovunque vengano applicate. Secondo Pfeffer è fondamentale gestire nel modo corretto le persone, selezionando le migliori possibili (le più adatte all'impresa) e facendo sì che esse sviluppino tutto il loro potenziale. A tal fine vengono dunque indicate sette pratiche che contribuiscono in modo determinante a creare un cosiddetto "high performance work system". Esse sono brevemente presentate di seguito.

✓ Sicurezza del posto di lavoro: benché si ritenga corretto allontanare le persone che non lavorano in modo efficiente, l'impegno dell'impresa a garantire l'impiego nel lungo termine consente lo stabilirsi di una partnership tra la società stessa e i lavoratori, che sull'altro piatto della bilancia metteranno il loro *maggior impegno, aumentando di conseguenza la loro produttività.*

✓ *Reclutamento selettivo: una efficace selezione delle persone, basata sia sulle competenze da queste dimostrate sia soprattutto sulla compatibilità culturale con l'organizzazione, consente da un lato di scegliere gli individui che meglio si adatteranno all'impresa, dall'altro di farli sentire parte di un'elite, aumentando la loro motivazione.*

✓ *Team auto-gestiti e decentramento decisionale: la creazione di team auto-gestiti a cui sono delegate molte decisioni favorisce la sostituzione del controllo gerarchico con il controllo tra pari, rafforzando la responsabilità nei confronti degli altri membri del gruppo e il senso di appartenenza ad esso.*

✓ *Elevate retribuzioni contingenti alla performance: retribuzioni elevate sono indice dell'importanza attribuita alle persone, e generano in esse maggiore soddisfazione e minor disponibilità ad abbandonare l'impresa; incentivano inoltre, specie se collegate alle prestazioni, un maggior impegno e una maggior produttività, "offerti" in cambio del maggior compenso ricevuto o che si riceverà.*

✓ *Formazione intensiva: benché sia difficile, come ammette Pfeffer stesso, collegare la formazione ai benefici da essa prodotti, la formazione intensiva permette di avere all'interno dell'organizzazione persone più competenti, flessibili, ed in grado di adattarsi meglio a nuove situazioni; inoltre una forza lavoro "competente" consente di vedere i compi-*

ti sotto più aspetti e di apportare miglioramenti ai processi lavorativi.

✓ *Riduzione delle differenze di status: l'egualitarismo simbolico, che elimina le barriere tra le persone, e l'appiattimento della struttura, che riduce quelle tra i livelli gerarchici, favoriscono la creazione di team auto-gestiti e la collaborazione tra gli individui finalizzata al raggiungimento di obiettivi comuni. Ciò agevola peraltro il fluire delle idee e delle proposte, migliorando la capacità innovativa, la reattività e quindi la performance dell'impresa.*

✓ *Condivisione delle informazioni: comunicare al personale informazioni riguardanti la strategia o le prestazioni dell'impresa dimostra la fiducia dell'organizzazione nei confronti della forza lavoro, aspetto questo che costituisce il primo requisito per l'efficienza di un gruppo, l'appartenenza al quale viene peraltro rafforzata. Le informazioni sono dunque finalizzate a fornire le persone delle conoscenze necessarie a svolgere la propria mansione e a raggiungere obiettivi e risultati comuni.*

Le buone pratiche in Rocky Mountain

Sicurezza del posto di lavoro. *Questo aspetto, nel contesto Italiano, è garantito in gran parte dal quadro normativo delineato dal diritto del lavoro. Il nostro ordinamento, infatti, a differenza di quello americano presenta una forte tutela del lavoratore. Anche se da*

un lato, negli ultimi anni, il diritto del lavoro ha adottato criteri di flessibilità dell'impiego, allo scopo di consentire alle aziende di affrontare la sfida della globaliz-
zazione, dall'altro pone tutt'ora dei limiti alla flessibilità
attraverso la contrattazione collettiva.[2] Nella sostanza
non è possibile oggi utilizzare la flessibilità del rapporto di lavoro oltre un certo limite, indicativamente in-
torno al 20% della forza lavoro. Rocky Mountain utiliz-
za questo livello di flessibilità per far fronte alle necessità stagionali. La struttura organizzativa di Rocky
Mountain è fondata sulla stabilità dell'impiego, cioè sul
contratto a tempo indeterminato. Questa caratteristica
dei contratti è la base su cui un individuo può fondare
la sua sicurezza. Attraverso le proprie pratiche di gestione e sviluppo delle risorse umane, Rocky Mountain
vuole posizionarsi come "best employer" del mercato
locale e per farlo deve naturalmente garantire la sicurezza dell'impiego a lungo termine. Le pratiche finalizzate a ciò e al "commitment" delle risorse si riscontra-
no nelle linee guida internazionali. In questi documenti
si afferma che per l'organizzazione le persone vengono
prima di tutto; e ciò si riscontra anche nella pratica.
Vengono utilizzati infatti sistemi atti a valutare quanto
i dipendenti siano contenti del loro "vivere in Rocky
Mountain", così da avere la possibilità di comprendere
i problemi in anticipo. Sempre tra le linee guida inter-

---

[2] Mentre scriviamo, non abbiamo ancora certezze sugli esiti normativi delle
recenti proposte e discussioni avanzate dal Governo Tecnico, attualmente
in carica.

nazionali, Rocky Mountain pone come principio da seguire quello di ridurre al minimo fisiologico il turnover in azienda. Per fare ciò tutta la politica delle risorse umane è centrata sullo sviluppo dei collaboratori.

Reclutamento selettivo*: Rocky Mountain dedica particolare attenzione alla selezione del personale; i collaboratori, infatti, sono coloro che s'interfacciano direttamente (o indirettamente) col cliente e costituiscono perciò parte integrante della strategia dell'impresa. L'elemento più rilevante del processo è sicuramente la selezione del personale basata sulla coerenza valoriale; si ritiene che solo la scelta di persone che condividono i valori dell'impresa possa permettere la corretta implementazione delle procedure operative e più in generale il raggiungimento del successo competitivo. Perciò, dopo aver dato la precedenza ai candidati interni, Rocky Mountain si rivolge all'esterno seguendo precise fasi nella ricerca delle persone da assumere. In primo luogo, grazie al lavoro congiunto di manager e selezionatori, si provvede a posizionare l'azienda sul mercato locale attraverso iniziative di "employer branding" rivolte alle persone che si ritengono più idonee a coprire le nuove mansioni. Il cuore della strategia di selezione, come detto, si basa sulla priorità data all'affinità di valori tra il candidato e l'impresa. I valori sono declinati specificamente per ogni posizione e quindi si valuta in maniera approfondita, ad esempio, la presenza di doti di socievolezza ed entusiasmo per il personale di vendita, oppure di leadership per i manager. Si prendono in considerazione anche la con-*

sapevolezza dei costi, l'attitudine ad accettare respon-sabilità, l'umiltà e la forza di volontà, la semplicità, la capacità di differenziarsi, la concretezza, la predisposi-zione ad accettare i feedback ed eventualmente a mi-gliorare il proprio operato. L'intero processo rientra nella vision organizzativa di Rocky Mountain ovvero quella di posizionarsi tra i best employer nel mercato locale di riferimento.

Team auto-gestiti e decentramento decisionale come principio base dell'organizzazione: Questo prin-cipio si riscontra immediatamente in Rocky Mountain esaminando la struttura organizzativa che è a matrice; ciò comporta che la struttura centrale non ha potere gerarchico sulle unità operative ma solamente un po-tere di indirizzo funzionale. La stessa dimensione della struttura centrale offre un'idea precisa di decentra-mento di potere; infatti questa struttura centrale pesa in termini di dipendenti circa il 2% dell'organico com-plessivo. Anche la denominazione di questa struttura centrale (service) pone l'enfasi sulla funzione di servi-zio e non di direzione .

Elevate retribuzioni contingenti alla performan-ce: Anche su questo tema, in Italia, bisogna fare i conti con il quadro normativo di riferimento, che è rappresentato dal diritto del lavoro e soprattutto dalla contrattazione collettiva, da cui scaturiscono i contratti collettivi di lavoro. Il quadro normativo infatti non con-sente di pagare i collaboratori/dipendenti totalmente con retribuzione "contingente", ma stabiliscono dei limiti minimi (minimi contrattuali appunto) da corrispondere in relazione alla posizione di lavoro, e non in relazione ad altri parametri come la prestazione o le competenze. Rocky Mountain garantisce a tutti i dipendenti questi livelli retributivi minimi. Tuttavia Rocky Mountain ha scelto di retribuire con salari più elevati un'ampia fascia di collaboratori che si collocano a livello di specialisti o managers. A questi, la multinazionale garantisce salari più elevati e quote variabili legate al raggiungimento di obiettivi. La politica retributiva in Rocky Mountain si pone come obiettivo di attrarre le risorse chiave per l'organizzazione, ricompensare e trattenere i best performers, mantenere e accrescere la competitività sul mercato, tenere sotto controllo il costo del lavoro. Rocky Mountain focalizza l'attenzione non solo sugli aspetti retributivi, ma sulla complessiva politica di reward, che è composta da elementi tangibili quali la retribuzione e i benefits, e da elementi intangibili quali i percorsi di formazione e sviluppo e l'ambiente fisico e sociale di lavoro.

Formazione intensiva: Le direttive internazionali di Rocky Mountain indicano chiaramente che la formazione è uno degli strumenti più importanti nello sviluppo delle risorse umane. La politica aziendale, in particolare, attribuisce grande importanza alla possibilità che siano i dipendenti stessi a costruirsi il proprio percorso di formazione riconoscendo l'utilità di un sistema flessibile. Il percorso comincia prestissimo; già dal primo giorno al collaboratore viene presentato un "Introduction Package" grazie al quale egli potrà acquisire le conoscenze e gli strumenti di base per iniziare a lavorare insieme ai colleghi. Nei tre mesi successivi si completa la fase di orientamento; qui è essenziale un processo di coaching/mentoring per arrivare a possedere un buon know-how del proprio lavoro e dei valori dell'impresa. In questo, riveste un ruolo strategico il "mentore" ovvero un collaboratore esperto. Tale figura viene valorizzata nell'impresa e assume un ruolo per così dire "simbolico", persino elevato a status per chi riesce a rivestirne il ruolo. Concluso il periodo di prova, il nuovo collaboratore potrà considerarsi inserito ma il processo di formazione non è evidentemente terminato, anzi esso proseguirà per tutta la carriera. Rocky Mountain, infatti, si è dotata di diversi metodi e strumenti organizzativi per la gestione del training. Oltre ad un "Training Plan Annuale" esposto nelle bacheche aziendali, vengono utilizzate alcune metodologie specifiche ideate per consentire all'organizzazione di erogare la formazione in modo massivo. Particolarmente interessante è l'approccio "Train the trainer", con cui ci si focalizza sul fatto che l'erogazione della formazione non possa essere lasciata interamente nelle mani della funzione risorse umane, ma debba invece essere tra i compiti di tutta la linea manageriale e degli specialisti. Per agevolare il raggiungimento dei suddetti obiettivi, Rocky Mountain ricorre al prezioso contributo dei "Competence Center", affidati alla responsabilità dei collaboratori più bravi, riconosciuti come tali attraverso un processo di valutazione delle competenze. I competence center erogano formazione specialistica, manageriale, nonché sulla cultura e i valori.

Riduzione delle differenze di status: Rocky
Mountain è caratterizzata della quasi invisibilità della
sua struttura organizzativa, realizzata attraverso
l'adozione di una serie di pratiche di gestione e relazionali che tendono ad abbassare persino la percezione
della gerarchia. La struttura organizzativa si può definire piatta e quasi invisibile. Piatta perché i livelli organizzativi sono solo due: il management e i collaboratori. Invisibile perché vengono adottate una serie di
pratiche di gestione e relazionali che tendono ad abbassare persino la percezione della gerarchia. Esempi
lampanti possono essere l'uso del tu a tutti i livelli,
l'uso della divisa per tutti, il concetto di leadership by
example. Il concetto di leadership by example ben dimostra come Rocky Mountain tende a ridurre le differenze di status; il modello di leadership in Rocky
Mountain è relazionale e non direttivo; il leader deve
essere accettato dai propri collaboratori e deve esser
riconosciuto in quanto capo e non perché autoritario. A
supporto di questa impostazione vi sono anche degli
elementi simbolici, come l'uso della divisa, che vale
per tutti, nessuno escluso, e l'abolizione dei titoli con
l'uso del solo nome di battesimo. Altro elemento molto
particolare è quello per cui tutti i membri dell'organico
Rocky Mountain, manager o collaboratori che siano,
consumano i pranzi nella stessa mensa e hanno a disposizione lo stesso menù. Per quanto riguarda gli uf-
fici, tutti lavorano in open space, gli unici dipendenti a
lavorare in un ufficio "chiuso" sono solo pochi manager
e coloro che sono costretti a farlo per il fatto che trat-

tano dati che devono rimanere sotto chiave per motivi di riservatezza.

Ampia condivisione delle informazioni: Rocky Mountain mette fra i valori più importanti della sua strategia quello della comunicazione con gli stakeholder. Rocky Mountain come tutte le grandi aziende è soggetta a varie regolamentazioni e codici di autodisciplina che garantiscono una corretta trasmissione di informazioni all'esterno e all'interno dell'organizzazione. A livello corporate, la sede centrale comunica periodicamente i risultati e gli obiettivi di breve e di lungo periodo; ma anche a livello di singola unità operativa il gruppo si distingue per una intensa ed efficace comunicazione. La conoscenza del business plan, almeno negli elementi essenziali, è il presupposto per la corretta gestione. La conoscenza del business plan viene implementata attraverso pubblicazioni annuali (Rocky Mountain facts and figures). Anche la conoscenza dei risultati di gestione (vendite, produttività, ...) è assicurata con la comunicazione interna (bacheche, intranet, house organ mensile). La sede centrale punta molto su questo valore: infatti, per controllare che le informazioni siano realmente diffuse e condivise viene annualmente istituita un'apposita indagine internazionale, la quale contiene domande specifiche finalizzate a capire se a ciascun lavoratore sono arrivate le informazioni necessarie per capire il contesto in cui si svolge il lavoro.

Conclusioni: Si può affermare che le sette best practices individuate da Pfeffer sono state efficacemente implementate in Rocky Mountain, la quale ha effettivamente ottenuto molti benefici da una gestione strategica delle risorse umane. Proprio le risorse umane risultano fondamentali ai fini dell'implementazione della strategia di leadership di costo di questa grande multinazionale; l'ottenimento della maggior produttività possibile dalle persone e i loro sforzi nella medesima direzione (dati dalla comunanza di valori) sono infatti cruciali per il mantenimento del vantaggio competitivo, tanto più in quanto la strategia non è più una novità nel panorama competitivo internazionale, e la competitività è sempre più crescente e globale.

Clima e performance

"Le risorse umane sono l'asset più importante della nostra azienda". Ecco un'espressione usata e abusata. Al contrario, nella vita aziendale quotidiana la gestione delle risorse umane è spesso lasciata all'improvvisazione, quando addirittura non avviene di peggio, e cioè che si lasci il personale abbandonato a se stesso, dedito a lavorare e a far sentire il meno possibile la propria voce, in balia spesso di managers e colleghi arroganti.

I risultati di una tale situazione non tardano a dare frutti negativi, i collaboratori sono demotivati e non

assumo iniziative, la produttività diminuisce, i con-
flitti sociali aumentano, il business va male, e
l'organizzazione si chiede il perché. Il perché è presto
spiegato; le risorse umane non sono valorizzate e ge-
stite. La ricerca ha individuato una relazione diretta tra
le politiche di gestione delle risorse umane e i risultati
di business.

I dati dimostrano, come è riportato nel seguito di que-
sto articolo, che le migliori aziende dal punto di vista
del benessere organizzativo sono anche quelle che ot-
tengono i migliori risultati economici e finanziari. E' co-
sì difficile capire che, dato che il lavoro è svolto da
persone, queste lo svolgono meglio se motivate a far-
lo? Se lo scetticismo permane, allora affidiamoci ad
una serie di ragionamenti logici e concatenati, e so-
prattutto alla ricerca accademica, alla letteratura, e al-
la prassi.

Partiremo da "Great place to work": Il "Great Place to
Work Institute" ascolta i dipendenti e valuta i datori di
lavoro dal 1980, per capire che cosa rende un ambien-
te di lavoro eccellente. Alla base di ogni eccellente
ambiente di lavoro c'è la fiducia tra dipendenti e
management. L'approccio si basa sulle principali sco-
perte di più di vent'anni di ricerca. Alla base della defi-
nizione di ambiente di lavoro eccellente vi è l'idea che
tutto questo dipenda dalla qualità delle tre relazioni
che si intrecciano tra loro:

✓   *La relazione tra i dipendenti e il management.*

✓ La relazione tra i dipendenti e la loro occupazione/azienda.
✓ La relazione dei dipendenti tra di loro.

Quando l'azienda diventa eccellente, la separazione tra management e lavoratori diminuisce. L'ambiente di lavoro diventa una comunità. I dipendenti si sentono orgogliosi del loro lavoro, del loro team e della loro azienda. Celebrano il successo dei loro pari e collaborano con gli altri in ogni parte dell'organizzazione. Le persone apprezzano il loro lavoro - e le persone con cui lavorano - in modo radicato e duraturo. Essi vogliono continuare a sviluppare la propria carriera in azienda.

Le Risorse Umane e Rocky Mountain

Per tentare di dimostrare l'assunto per cui le migliori aziende dal punto di vista della performance di business sono quelle che risultano essere dei "great place to work", prendiamo ad esempio, ancora, Rocky Mountain, che nella gestione delle risorse umane applica i principi enunciati da Pfeffer, e che nelle indagini su scala mondiale condotte da Great Place to Work, ha ottenuto e continua ad ottenere risultati lusinghieri. A questi risultati si affiancano le cifre del business, che nonostante la crisi mondiale sono imponenti e in crescita.

Alla base della crescita di Rocky Mountain si collocano da sempre i collaboratori. È grazie a loro se Rocky Mountain riesce a raggiungere i suoi obiettivi; allo stesso modo l'azienda vuole essere un veicolo attraverso cui le persone possano realizzarsi. Infatti, l'idea delle Risorse Umane di Rocky Mountain è quella di "dare a persone schiette e oneste la possibilità di crescere sia sul piano individuale, sia su quello professionale, con l'obiettivo di creare insieme una vita quotidiana migliore per se stessi e per i propri clienti."

L'onestà e la schiettezza sono anche alla base del patto che le persone stabiliscono con Rocky Mountain nel momento in cui iniziano a lavorare in azienda. Questo patto riguarda da una parte ciò che Rocky Mountain si aspetta da tutti i suoi collaboratori e, dall'altra, ciò che Rocky Mountain stessa offre loro in cambio. Questo principio presuppone un reciproco impegno.

I collaboratori che ogni giorno vivono e promuovono i valori di Rocky Mountain, lavorano con impegno ed energia per soddisfare il cliente, accettando con entusiasmo le sfide professionali che si presentano, possono contare sul fatto che l'azienda offre loro in cambio un ambiente di lavoro informale e piacevole, la possibilità di crescere professionalmente e l'adeguato riconoscimento per il contributo apportato. Il successo di Rocky Mountain potrà continuare solo se proseguirà questa forte collaborazione basata sull'onestà reciproca.

Alcuni risultati ottenuti da Rocky Mountain nella classifica Great Place to Work

- ✓ *ROCKY MOUNTAIN Italia 2002 Listed in: Best Workplaces in Italy 2002 (ranked: 14)*
- ✓ *ROCKY MOUNTAIN North America 2005 Listed in: Best Companies in America 2005 (ranked: 62)*
- ✓ *ROCKY MOUNTAIN Norway 2006 Listed in: Best Companies in Norway 2006 (ranked: 15)*
- ✓ *ROCKY MOUNTAIN GmbH Österreich 2007 Listed in: Best Workplaces in Austria 2007 (ranked: 17)*
- ✓ *ROCKY MOUNTAIN Ibérica 2009 Listed in: Best Workplaces in Spain 2009 (ranked: 5)*
- ✓ *Polsce 2010 Listed in: Best Workplaces in Poland 2010 (ranked: 1)*
- ✓ *ROCKY MOUNTAIN Oy Finland 2010 Listed in: Best Workplaces in Finland 2010 (ranked: 3)*
- ✓ *ROCKY MOUNTAIN Ibérica 2010 Listed in: Best Workplaces in Spain 2010 (ranked: 3)*

Conclusioni: "Building profits by putting people first", afferma nel suo best seller Jeffrey Pfeffer (The human equation). Dato che vi è una relazione diretta e dimostrata, secondo le opinioni più accreditate, tra benessere lavorativo e ottime performance aziendali, decidiamoci a mettere le persone in primo piano, andando finalmente oltre le semplici affermazioni di principio.

Le persone motivate contribuiscono allo sviluppo del business: questa è, ormai, una constatazione.

Persino se crediamo nella concezione settecentesca, ma dura a morire, che l'economia di mercato è basata su meri calcoli egoistici, il sano egoismo dovrebbe spingerci ad adottare buone pratiche di gestione delle risorse umane. Motiviamo le persone, sviluppiamo le loro competenze, creiamo un clima di fiducia, riduciamo le gerarchie. Otterremo come risultato un'organizzazione sana che va avanti da sola, con la forza dei collaboratori.

Il tema del "benessere organizzativo" o "salute organizzativa" è ormai da tempo argomento di attenzione, anche normativa. Per benessere organizzativo si intende comunemente la capacità dell'organizzazione di promuovere e mantenere il benessere fisico, psicologico e sociale dei lavoratori per tutti i livelli e i ruoli.

Studi e ricerche sulle organizzazioni hanno dimostrato che le strutture più efficienti sono quelle con dipendenti soddisfatti e un "clima interno" sereno e partecipativo. La motivazione, la collaborazione, il coinvolgimento, la corretta circolazione delle informazioni, la flessibilità e la fiducia delle persone sono tutti elementi che portano a migliorare la salute mentale e fisica dei lavoratori, la soddisfazione dei clienti e degli utenti e, in via finale, ad aumentare la produttività.

Se pensate che le politiche tendenti al benessere organizzativo siano alla portata solo delle grandi imprese e che, in quelle di più ridotte dimensioni, siano un lusso che di questi tempi non ci si può permettere, visitate "Great Place to Work". Sarete sorpresi di scoprire che le piccole imprese più performanti sono anche quelle che i collaboratori giudicano un posto fantastico dove lavorare.

Il benessere organizzativo

Produzione e benessere

I danni economici che ogni anno crea uno stato psico-fisico non ottimale dei lavoratori, è altissimo per tutta la società: la perdita complessiva è stimata in circa 20 miliardi di Euro (dati OSHA). Secondo i conteggi del NICE (National Institute for Health and Clinical Excellence) un'azienda media con mille dipendenti (...) arriverebbe a risparmiare circa 278 mila euro in un anno.

Dovrebbero bastare questi dati per farci capire che lavorare sul benessere non è un lusso o una nuova moda gestionale. Ma proseguiamo citando G.P. Quaglino: "Clima e Motivazione" F. Angeli 2010, dove troviamo quanto segue: "Per quanto riguarda le conseguenze del benessere e del malessere percepito al lavoro, i lavori di ricerca sono prevalentemente di tipo cross section, elemento che non consente di rispondere pienamente alla domanda: quali conseguenze può avere il benessere al lavoro (o il malessere) per l'individuo e per l'organizzazione? Le conclusioni "parziali" cui gli studi sono giunti segnalano, in ogni caso, alcuni possibili esiti:

✓ *per quanto riguarda l'individuo, il benessere al lavoro dovrebbe riflettersi come arricchimento anche nel resto della vita; per contro, la mancanza di be-*

nessere al lavoro e/o la presenza di elementi di malessere al lavoro può condurre allo sviluppo di malattie (psico-fisiche) anche a carattere cronico;

✓ *per quanto riguarda l'organizzazione si segnalano impatti dal punto di vista economico e della redditività (Cooper 1994) il malessere è legato a scarsa produttività, assenteismo, turnover, spese assicurative e legali."*

Ora, anche se gli esiti del malessere aziendale fossero "solo" possibili, qual è il senso di non tenerne conto? Si dirà: "ma con la fatica che facciamo a trovare commesse, vendere prodotti, farci pagare dai clienti, dobbiamo anche preoccuparci di misurare il benessere e lo stress ?"

Dal nostro punto di vista è proprio per gli stessi motivi che andrebbe dato avvio al processo di monitoraggio e valutazione. Il problema di buona parte della cultura aziendale italiana è che di fronte alle crisi si spaventa, si richiude su se stessa pensando solo a ridurre i costi e dilazionare i pagamenti ai fornitori.

Ma se questa visione poteva andar bene in un mercato protetto, sostanzialmente chiuso, oggi (e da almeno 20 anni) questa modalità non solo non è sufficiente, ma semplicemente non funziona! Motivare i collaboratori, innovare prodotti e processi, in una parola diventare migliori: questa è l'unica possibilità che consente la sopravvivenza nel tempo. Oggi, chi si limita ad affrontare la crisi con il vecchio metodo è destinato a scomparire dal mercato.

E' solo questione di tempo. Alberto Galgano, ("I sette strumenti della qualità totale" Sole24Ore 2004) sostiene che, sul lungo termine, il successo dipende al massimo grado dalla gestione delle risorse umane. Nessun altro fattore è più importante. Le risorse umane non hanno limiti, hanno capacità immense. Gli uomini possono fare grandi cose se:

✓ *sono trattati come esseri umani intelligenti;*
✓ *non sono mai in una posizione dove la loro dignità può essere compromessa;*
✓ *sono sempre trattati con rispetto;*
✓ *è loro consentito di coinvolgersi nel raggiungimento degli obiettivi dell'azienda;*
✓ *sono ben addestrati;*
✓ *è loro consentito di dare un contributo significativo al lavoro che svolgono;*
✓ *hanno fiducia che il successo che hanno contribuito a ottenere si ripercuota positivamente su loro stessi.*

Si tenga conto del fatto che le dimensioni di cui si parla sopra sono proprio quelle che vengono indagata e misurate, in termini di percezione soggettiva, nei questionari per la rilevazione dello stress lavoro correlato!!

Benessere nel pubblico impiego

Le linee guida esistenti per la valutazione del rischio stress lavoro correlato danno ampie indicazioni su come procedere alla valutazione del rischio; non danno invece alcuna indicazione su come strutturare i piani di riduzione del rischio.

L'iniziativa viene lasciata al Datore di lavoro, che ha la responsabilità di attivarsi, e che, conoscendo i meccanismi di funzionamento della propria organizzazione, è in grado di attuare i cambiamenti necessari finalizzati alla riduzione del rischio.

Esistono tuttavia linee guida piuttosto dettagliate per la pubblica amministrazione, emanate dal dipartimento della funzione pubblica. Queste ultime fanno riferimento al concetto di benessere organizzativo, e indicano le azioni tipiche che possono essere intraprese per conseguirlo.

Queste linee guida sono state costruite in base a uno studio/ricerca specifico, attuato nell'ambito del programma cantieri, e di conseguenza sono riferite a un determinato contesto; ma fatte le opportune verifiche per mezzo di strumenti adeguati, possono essere generalizzate e usate per la costruzione di nuovi piani finalizzati al benessere organizzativo.

Benessere Organizzativo

Fra le priorità che il Dipartimento della funzione pubblica si è posto vi è quella di creare specifiche condizioni che possano incidere sul miglioramento del sistema sociale interno, delle relazioni interpersonali e, in generale, sulla cultura organizzativa nelle pubbliche amministrazioni.

Il Dipartimento della funzione pubblica, attraverso il Laboratorio di Cantieri "Benessere Organizzativo", ha sviluppato, grazie a un gruppo di lavoro coordinato dalla Facoltà di Psicologia 2 dell'Università degli studi di Roma "La Sapienza" e formato da esperti e rappresentanti di amministrazioni pubbliche e private, il tema della salute organizzativa.

Principale risultato del lavoro è stato lo sviluppo di una metodologia d'analisi del benessere nelle pubbliche amministrazioni. Si è fatto riferimento a particolari dimensioni del lavoro, tra cui la valorizzazione dei dipendenti, i rapporti interpersonali, l'ambiente fisico, la circolazione delle informazioni, l'organizzazione delle attività lavorative, l'equità del trattamento retributivo, e si è voluto conoscere quanto esse incidano sul benessere delle persone.

Oggi le amministrazioni pubbliche sono poste di fronte a tre grandi sfide:

1. La prima sfida è quella di rendere attrattive le amministrazioni pubbliche per i talenti migliori. Se la qualità del personale rappresenta la variabile fondamentale per determinare gli effetti delle politiche pubbliche, allora le amministrazioni devono recuperare una capacità competitiva sul mercato del lavoro per attrarre i giovani migliori. Si tratta di valorizzare il rapporto con le università, di migliorare le logiche di reclutamento e selezione, di favorire più adeguate condizioni di lavoro, di mostrare all'opinione pubblica la rilevanza, la varietà e le opportunità che le amministrazioni pubbliche possono offrire.

2. La seconda sfida riguarda la capacità delle amministrazioni di sviluppare un maggiore senso di appartenenza e motivazione tra le persone che operano nei servizi pubblici. Troppo spesso è possibile osservare personale demotivato che lamenta di non essere stato coinvolto nei profondi processi di riforma che magari ha conosciuto solamente dalla lettura dei quotidiani, ma che nella sostanza ha solamente subito. E' necessario avviare percorsi di ascolto e coinvolgimento dei lavoratori, valorizzare le esperienze riconoscendo ai migliori una differenziazione di condizioni e una visibi-

lità esterna dei risultati ottenuti, investire sull'immagine dei funzionari e del lavoro pubblico.

3. La terza sfida a cui sono poste di fronte le amministrazioni pubbliche è quella dell'adeguamento delle capacità e delle competenze degli operatori. I lavori nelle amministrazioni pubbliche richiedono spesso saperi e capacità professionali di alto profilo e per questo una grande parte del personale è laureato o diplomato. Non è però sufficiente. Gli scenari che le amministrazioni si trovano a dover affrontare richiedono di investire nella formazione del personale e in percorsi di apprendimento capaci di sviluppare nuove competenze, capaci di andare oltre ai tradizionali saperi e conoscenze, per entrare anche nello sviluppo delle qualità personali. Sempre più ad esempio un dirigente pubblico di alto profilo deve sapere governare sistemi complessi di relazioni o contribuire attraverso una visione sistemica ad elaborare politiche pubbliche efficaci.

Bibliografia essenziale

Cannon, Walter. *Bodily changes in pain, hunger, fear and rage Volume 2.* New York: Appleton, 1929.

—. *The wisdom of the body.* New York: Norton, 1932.

Chinoy, Eli. *Automobile workers and the america dream.* New York: Doubleday, 1955.

Cooper. *Over 150 books on occupational stres and other topics.* 1994.

Galimberti. *Processi identitari e costruzione della soggettività.* Roma: Carrocci, 2007.

H., Selye. *"A syndrome produced by diverse nocuous agent."* Nature n 32, 1936: CXXXVIII.

j.w., Mason. *"A re-avalutation of the concept of "non-specificity" in stress theory."* Journal of psychiatric research n 323, 1971: 8.

Jeffrey, Pfeffer. *"Building profits by putting people first."* Boston: Harvard press, 1998.

lavoro, Ministero. *"Circolare Ministeriale."* Novembre 18, 2010.

Lorenz, Konrad. *Studies in animal and human behaviours.* 1970.

P., Pancheri. *Stress, emozioni, malattia. Milano: Mondadori, 1979.*

R.S., Lazarus. *"Cognition and motivation in emotion." American Psycologist n. 4, 1991: 46.*

—. *Psycological stress and coping process. New York: McGraw Hill, 1966.*

Rosch, Elkin e. *"Promoting mental health in the workplace." Occupational Medicine, 1990.*

Rosenman Ray, Friedman Meyer. *"Association of a specific overt behaviour pattern with increases in blood cholesterol, ecc." Journal of American Medical Association, 1959.*

Selye. *The stress of life. New York: McGraw Hill, 1956.*

Sommario

www.ingramcontent.com/pod-product-compliance
Lightning Source LLC
Chambersburg PA
CBHW072216170526
45158CB00002BA/619